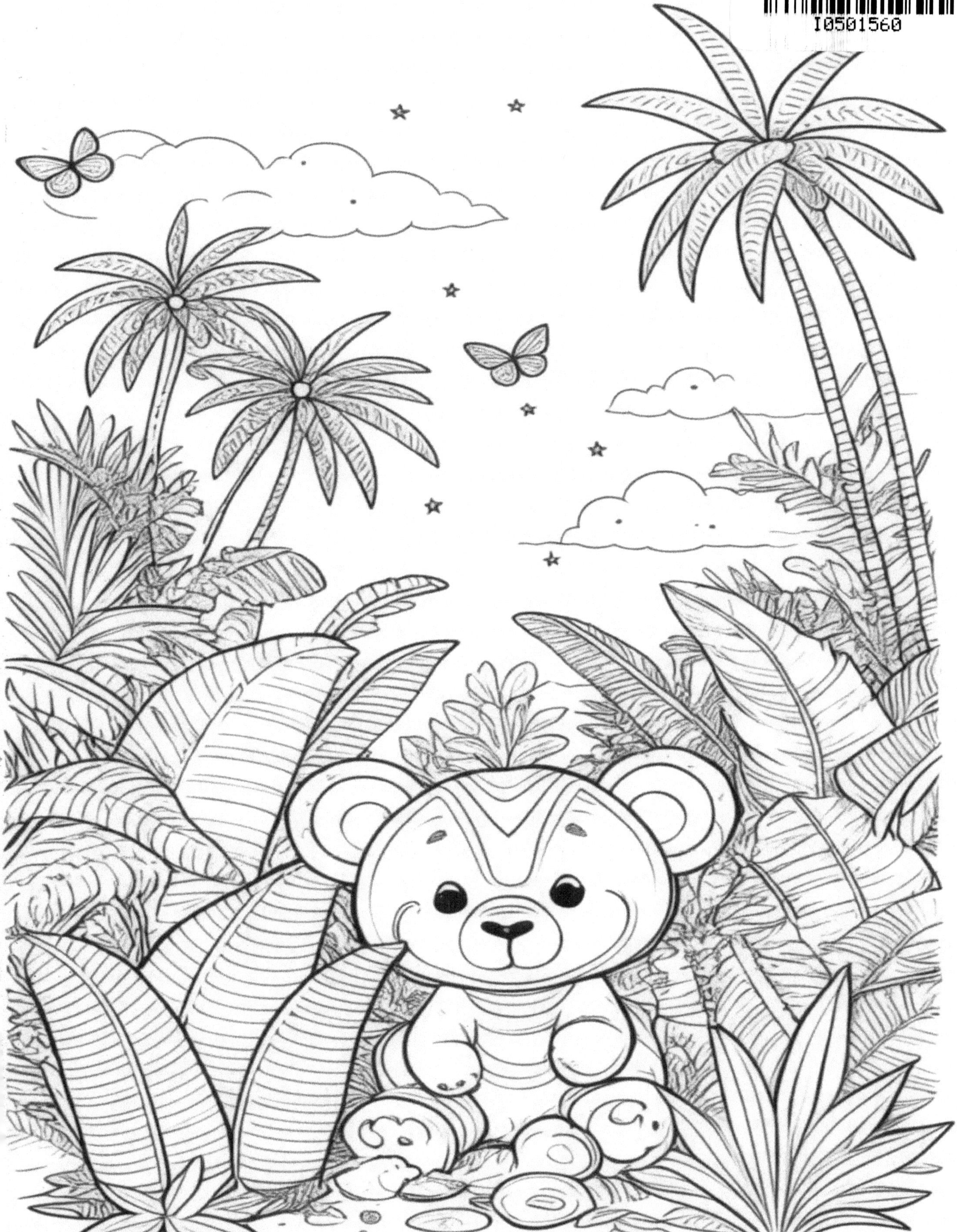

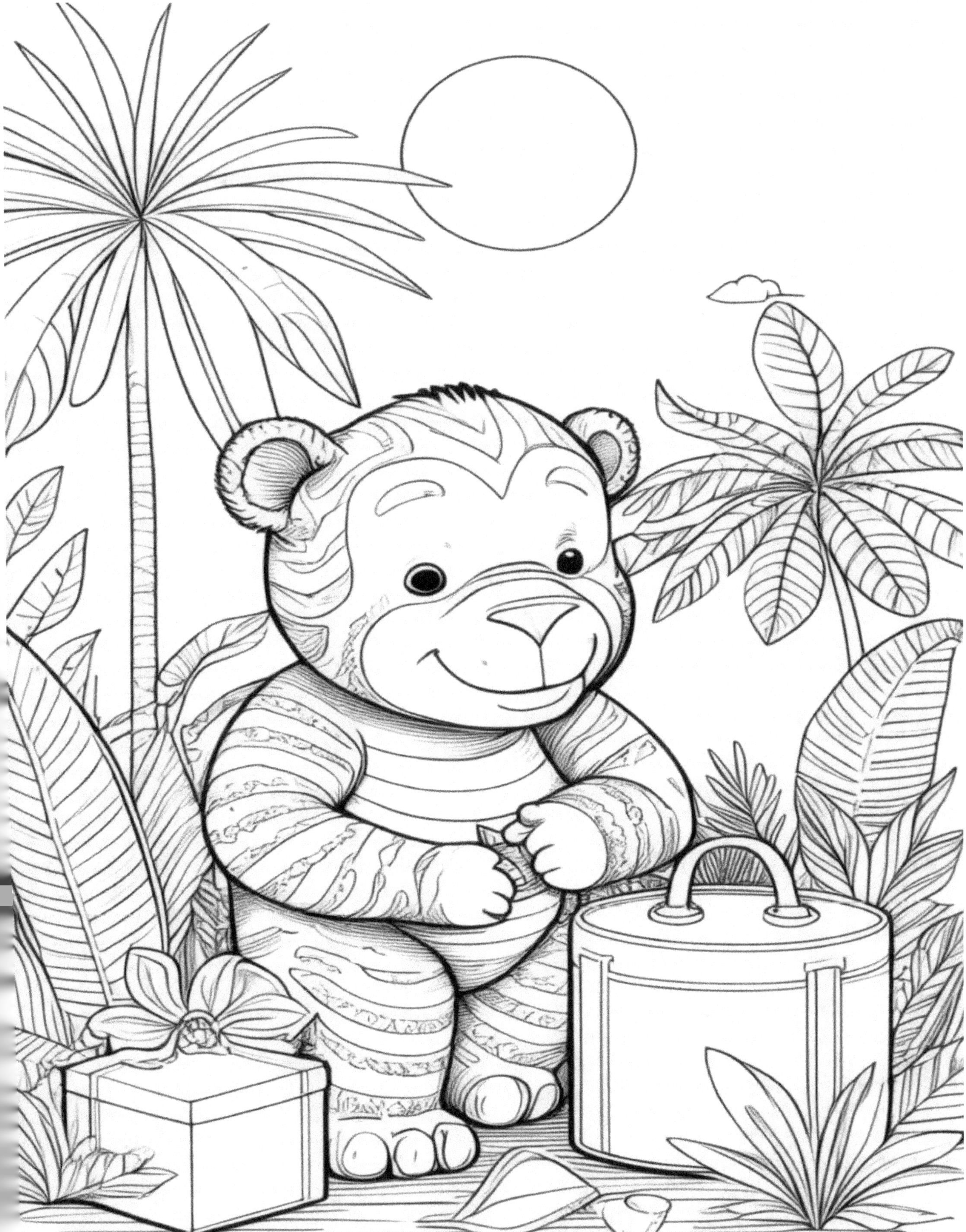

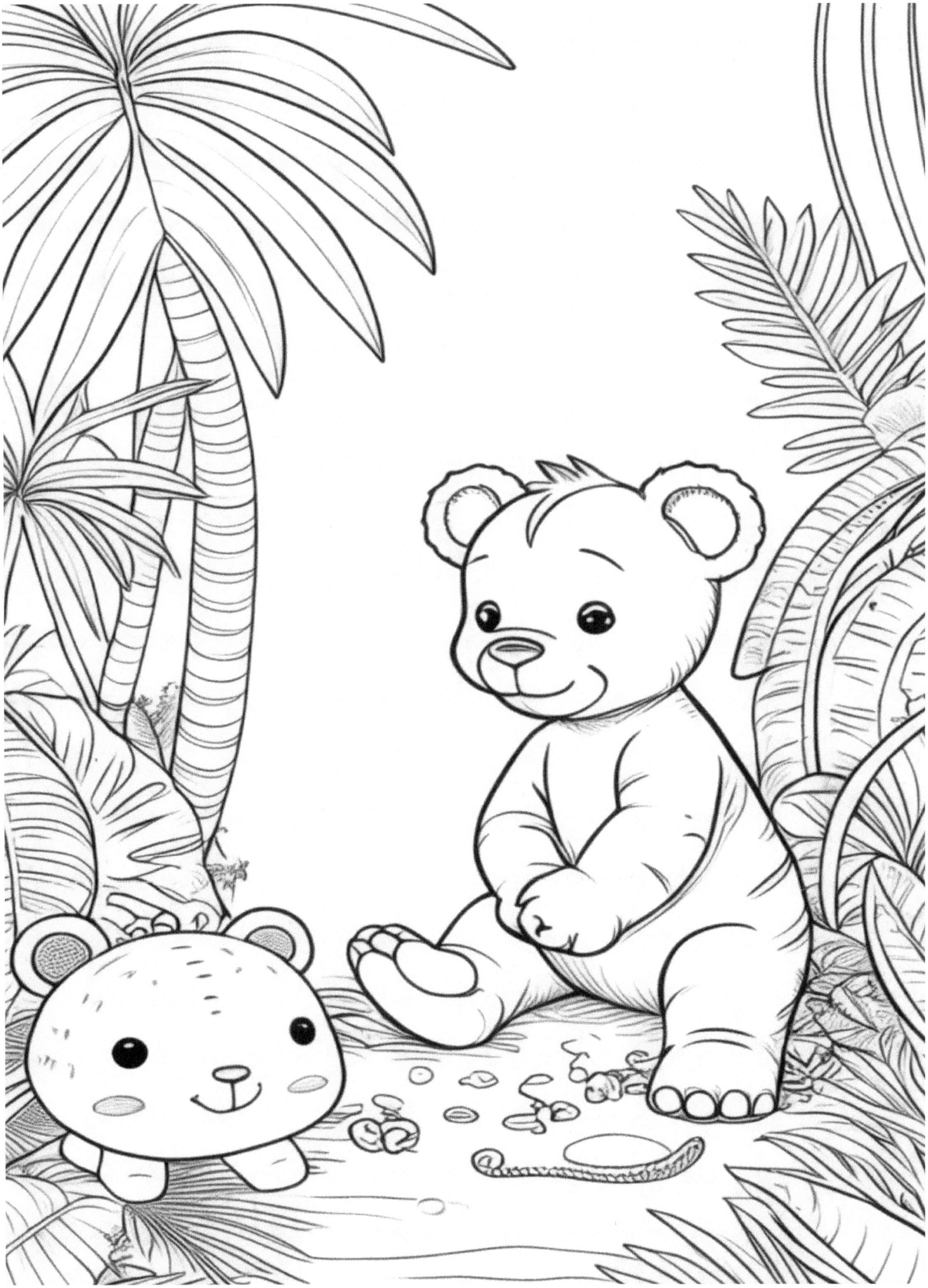

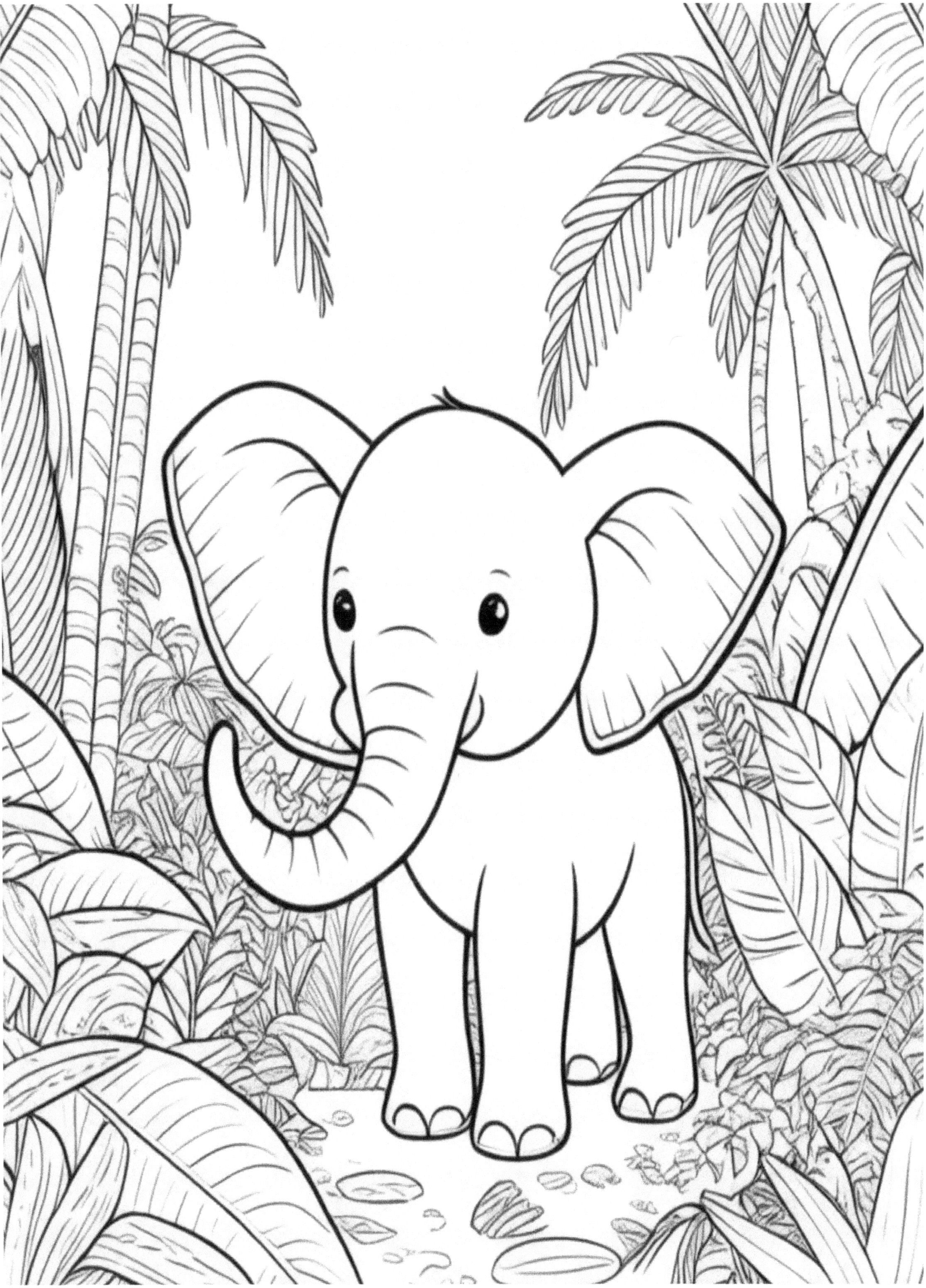

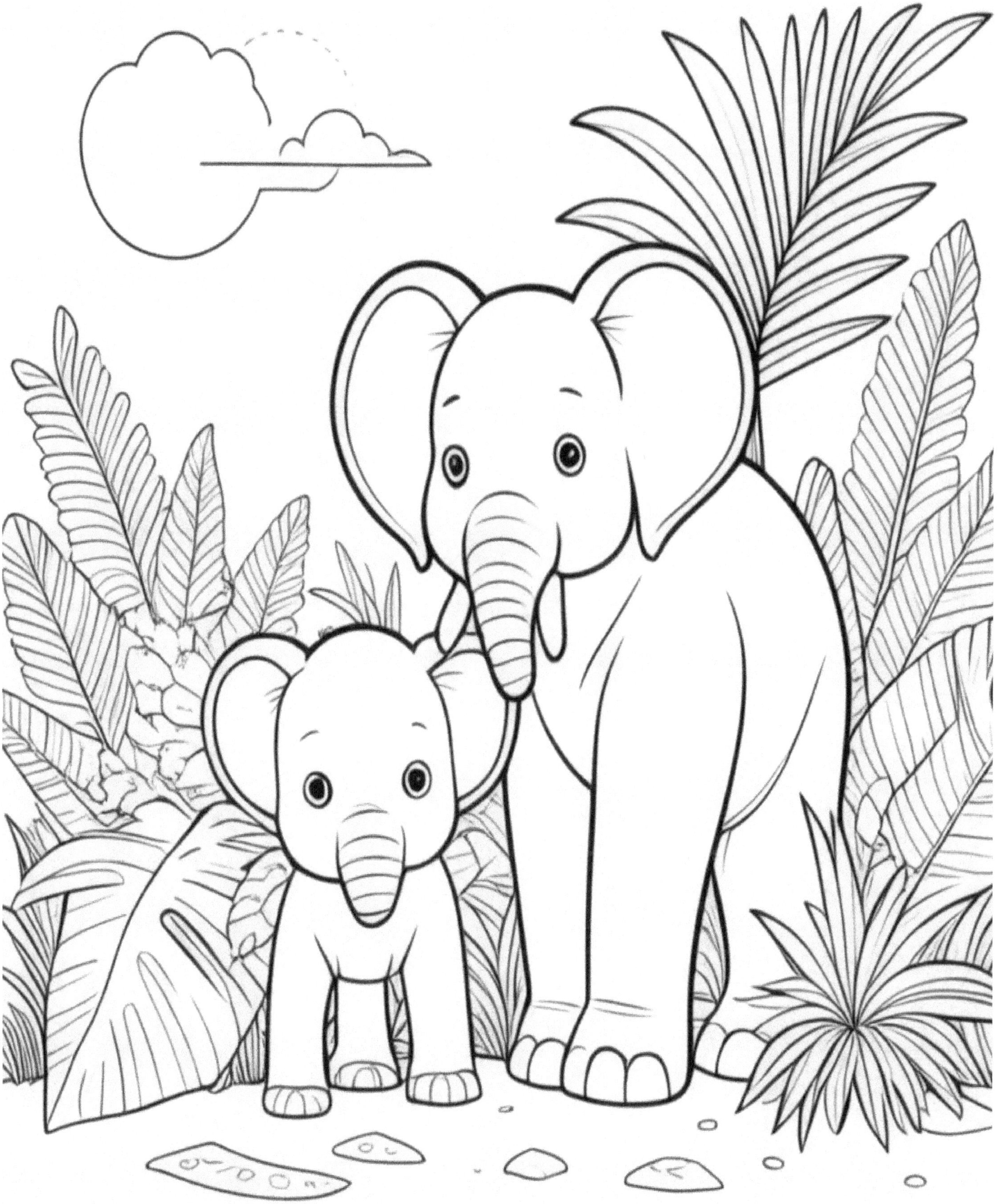

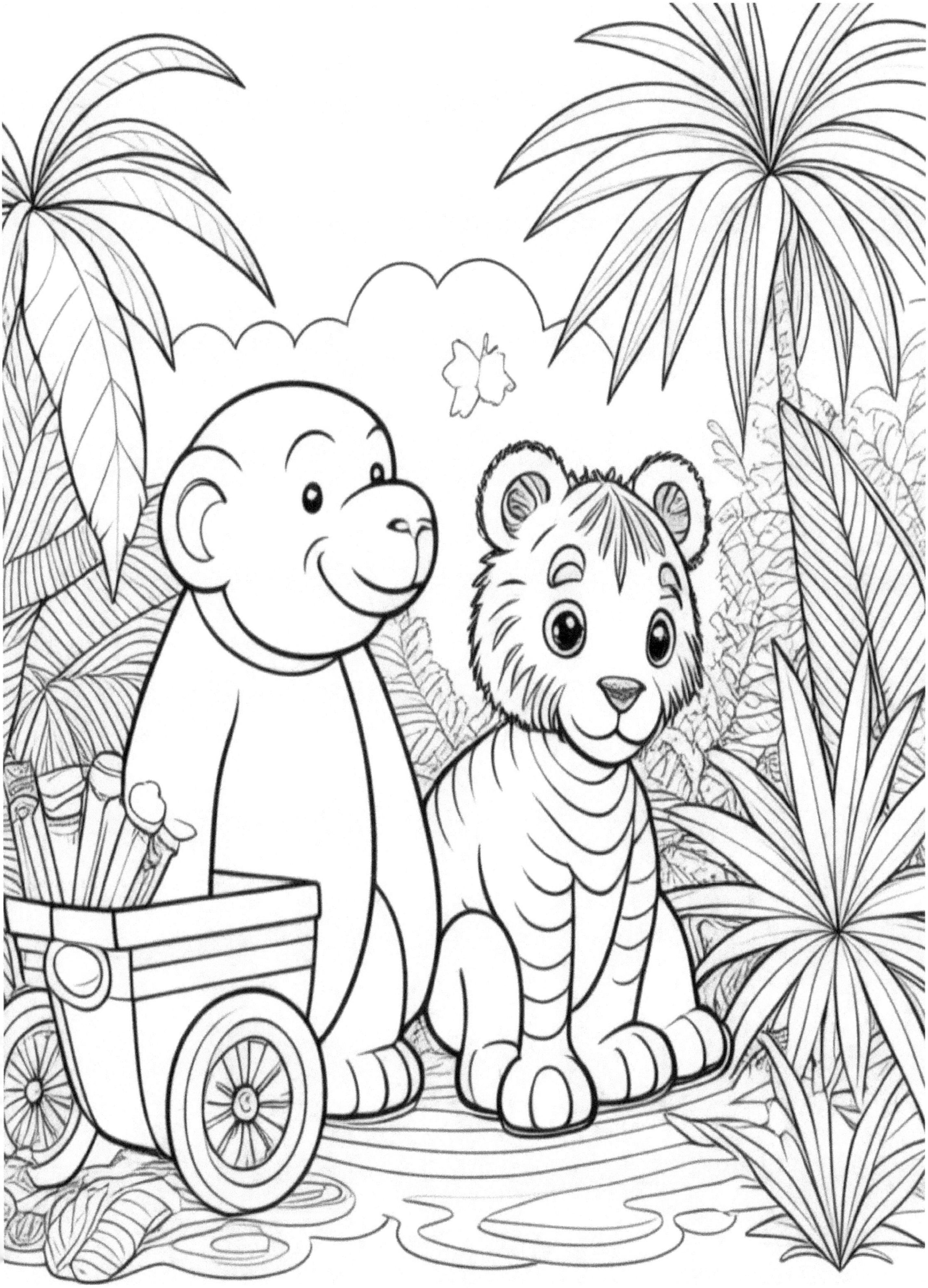

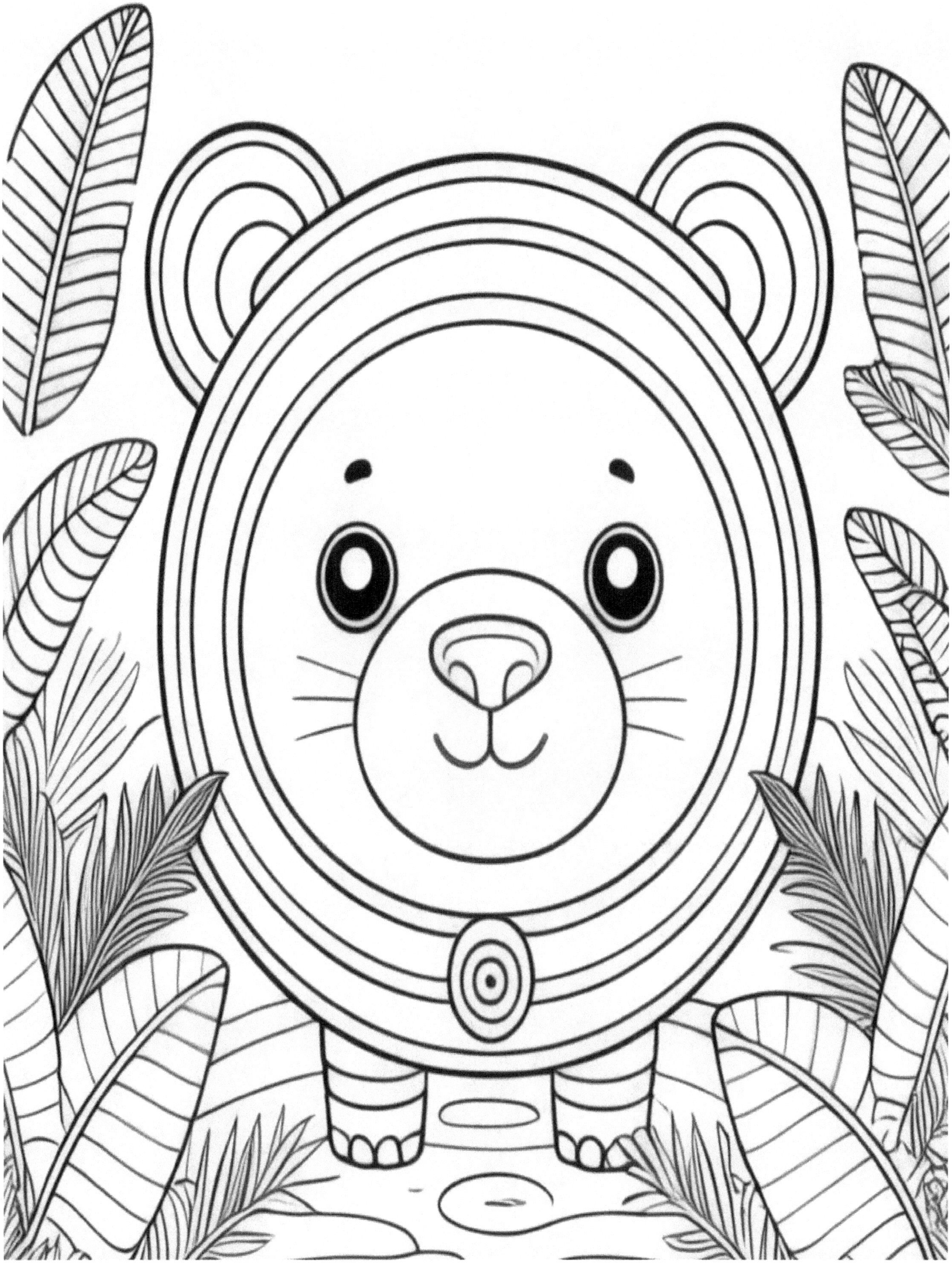

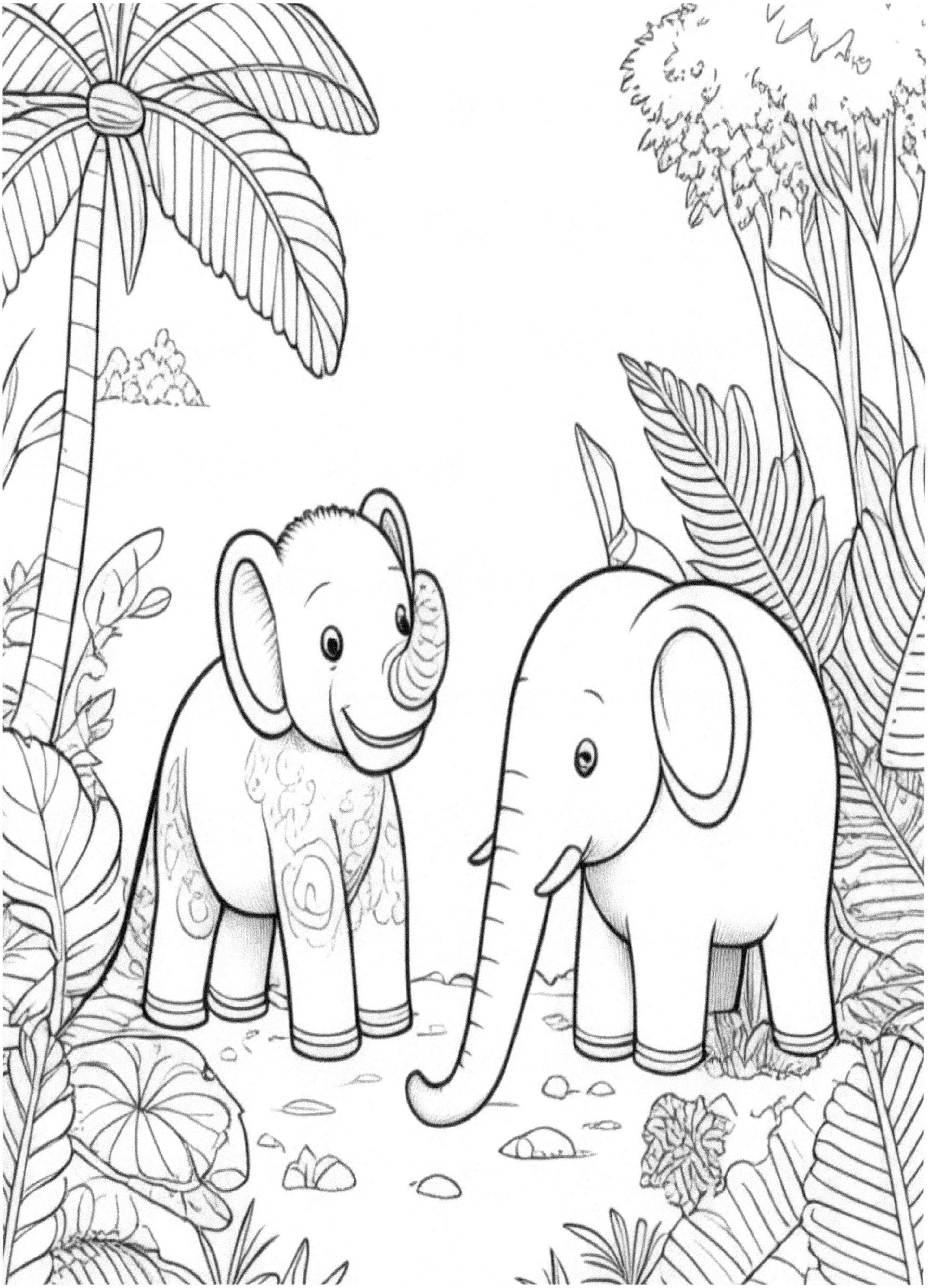

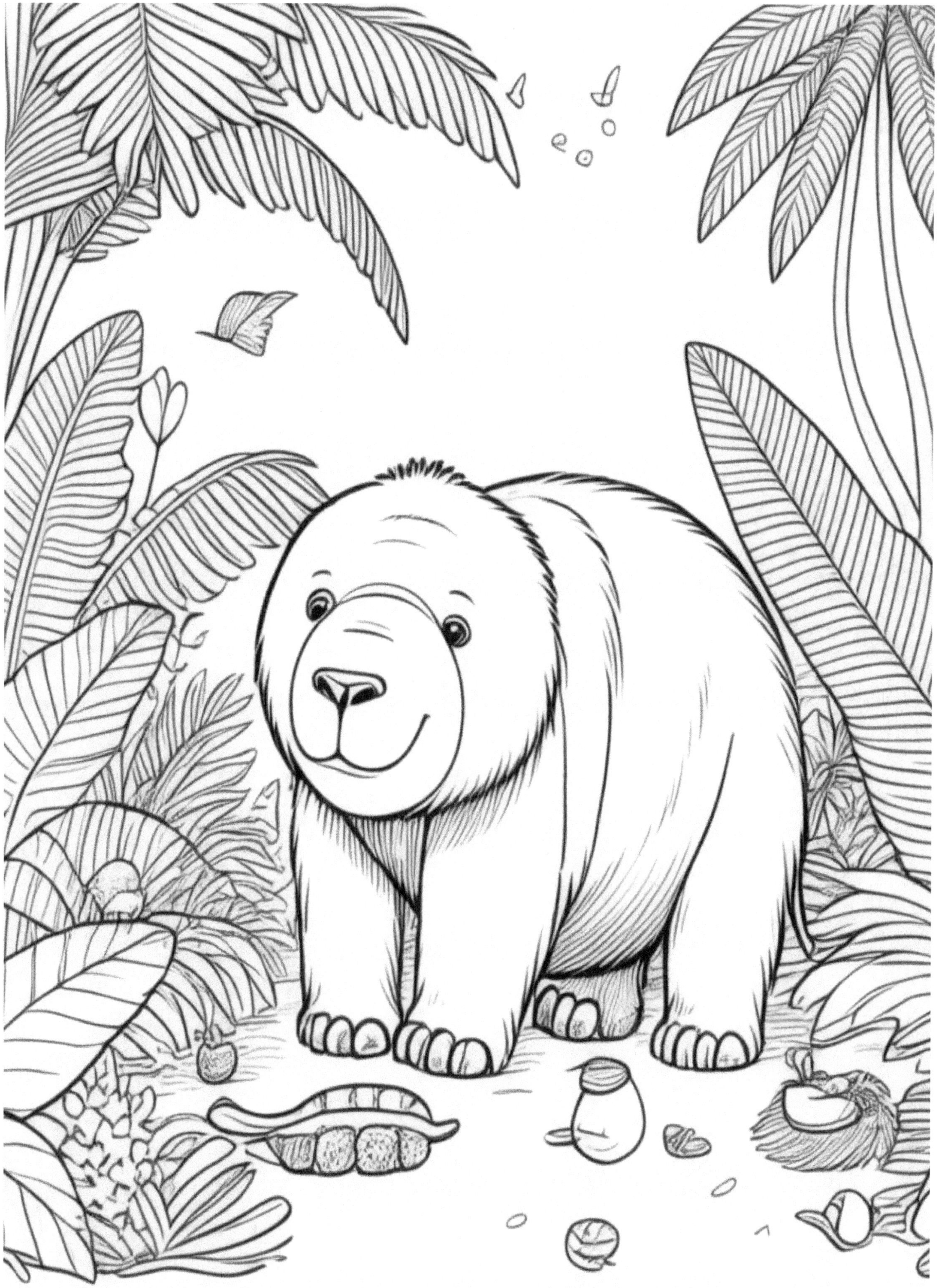

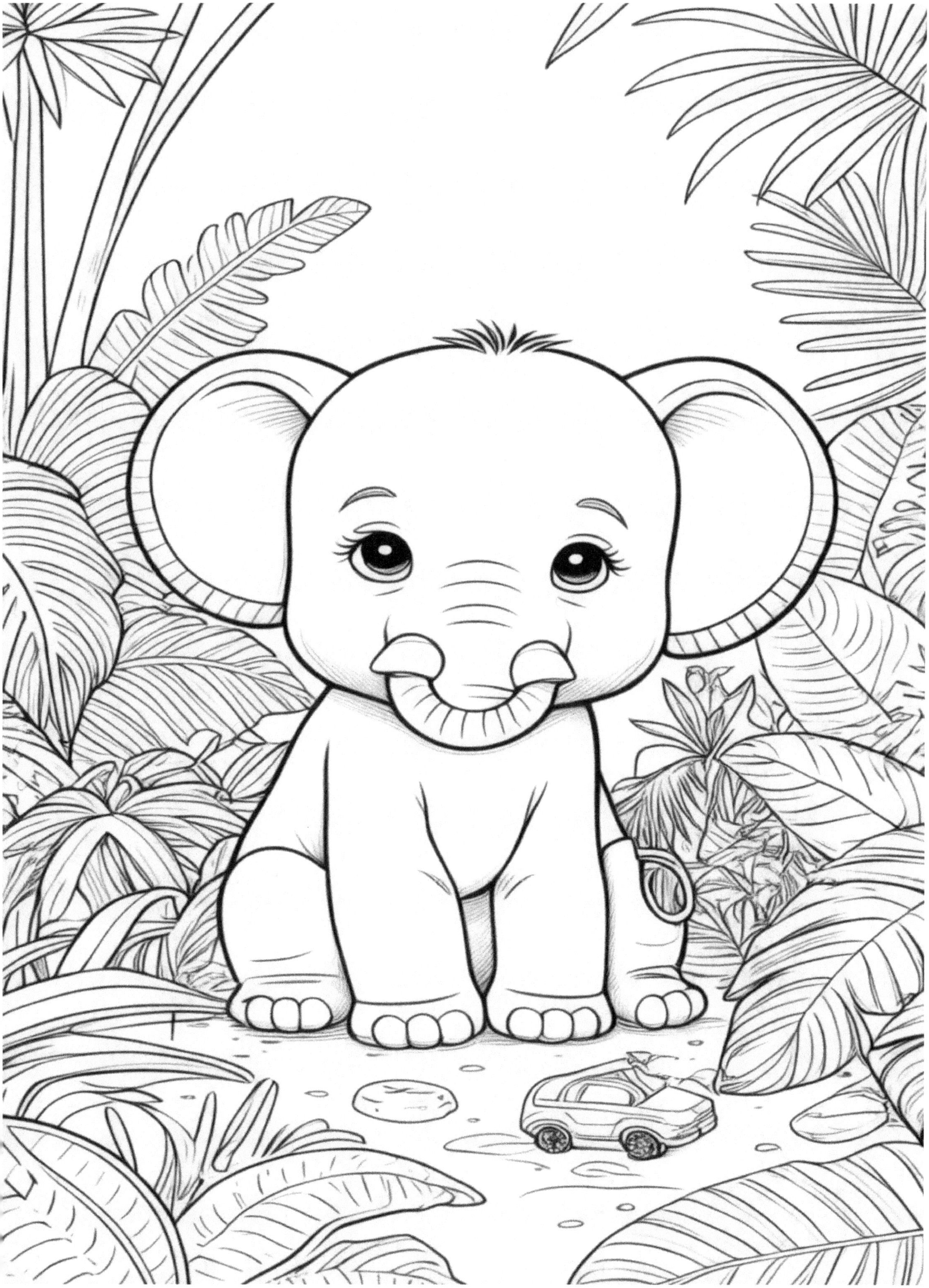

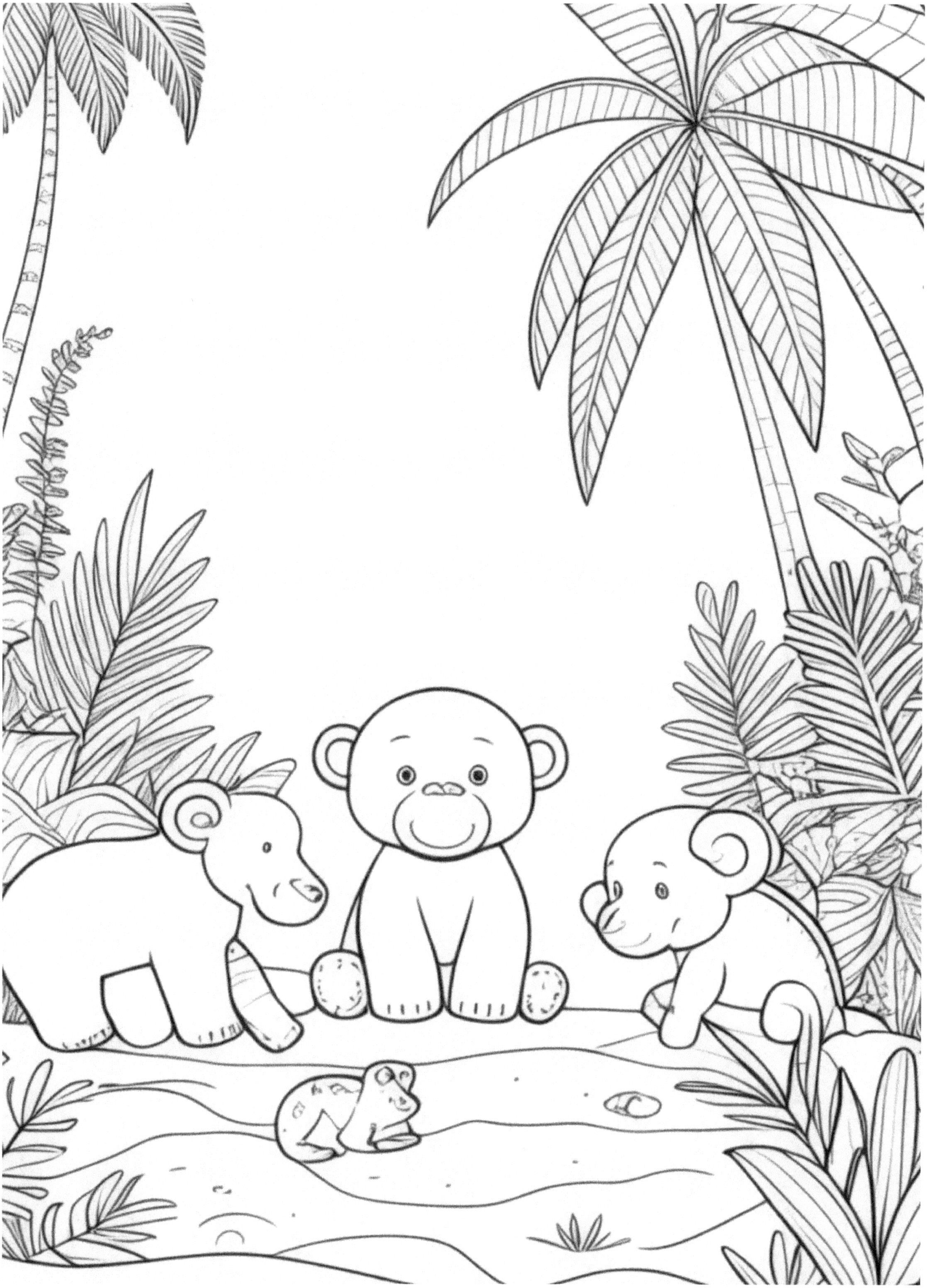

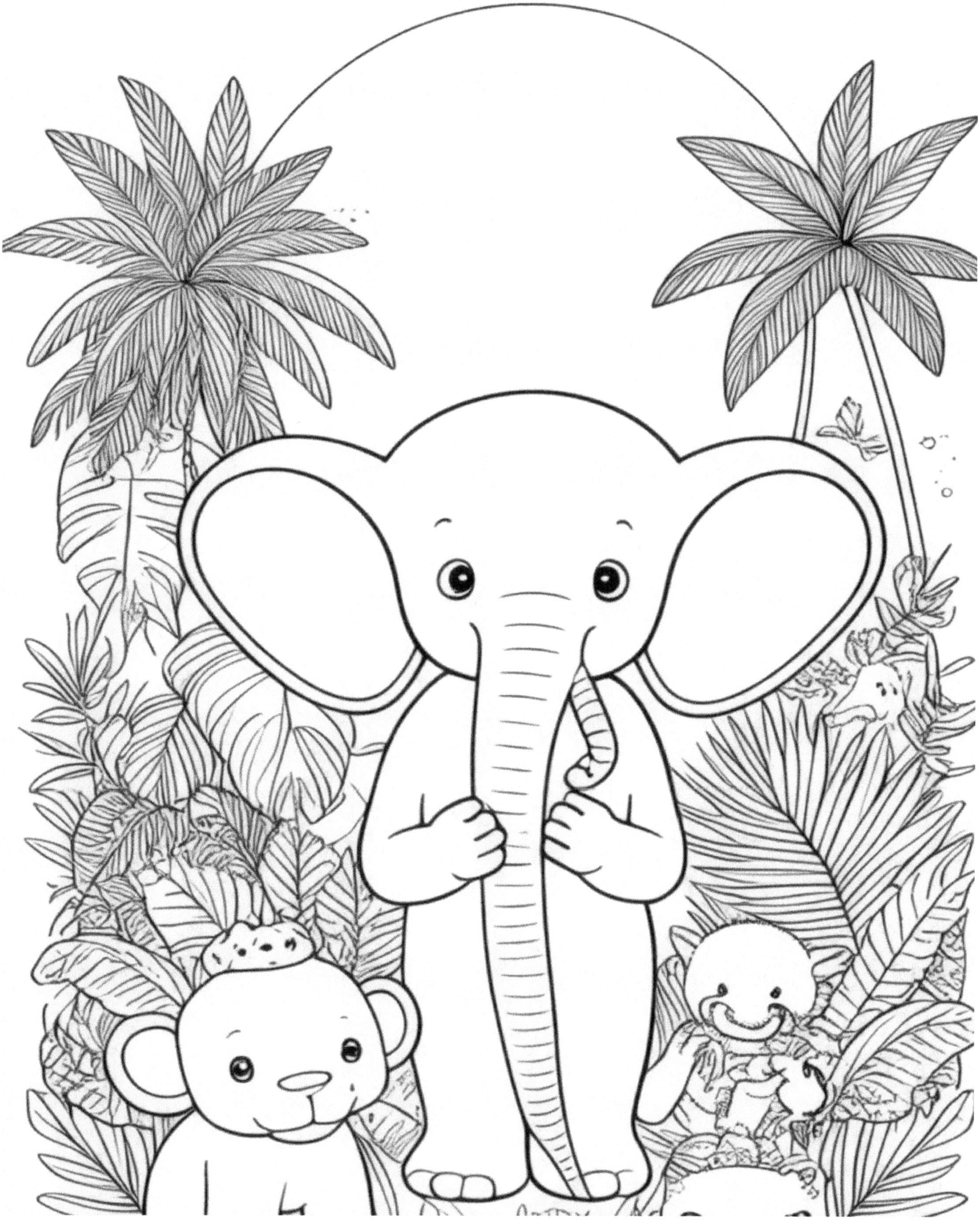

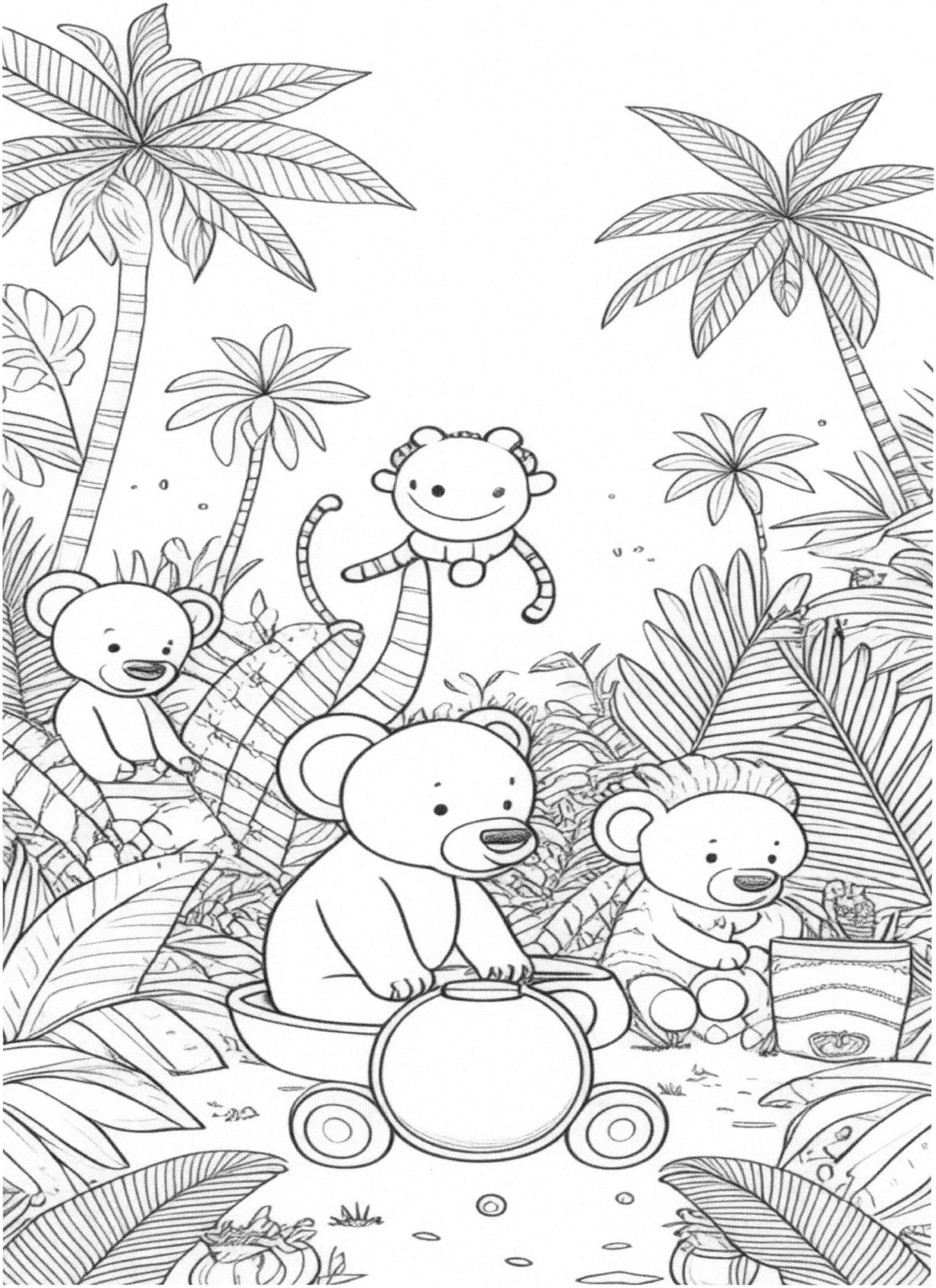

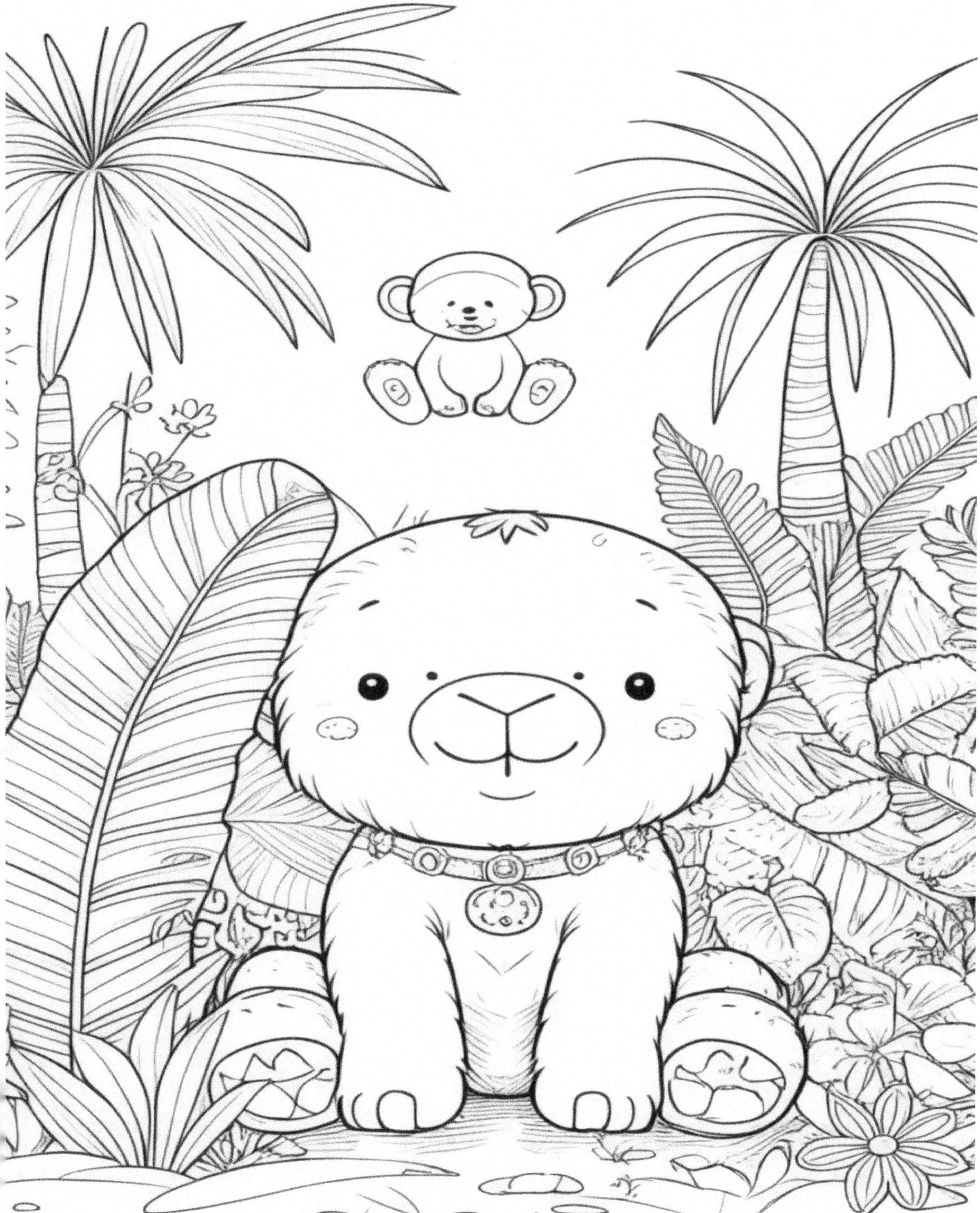

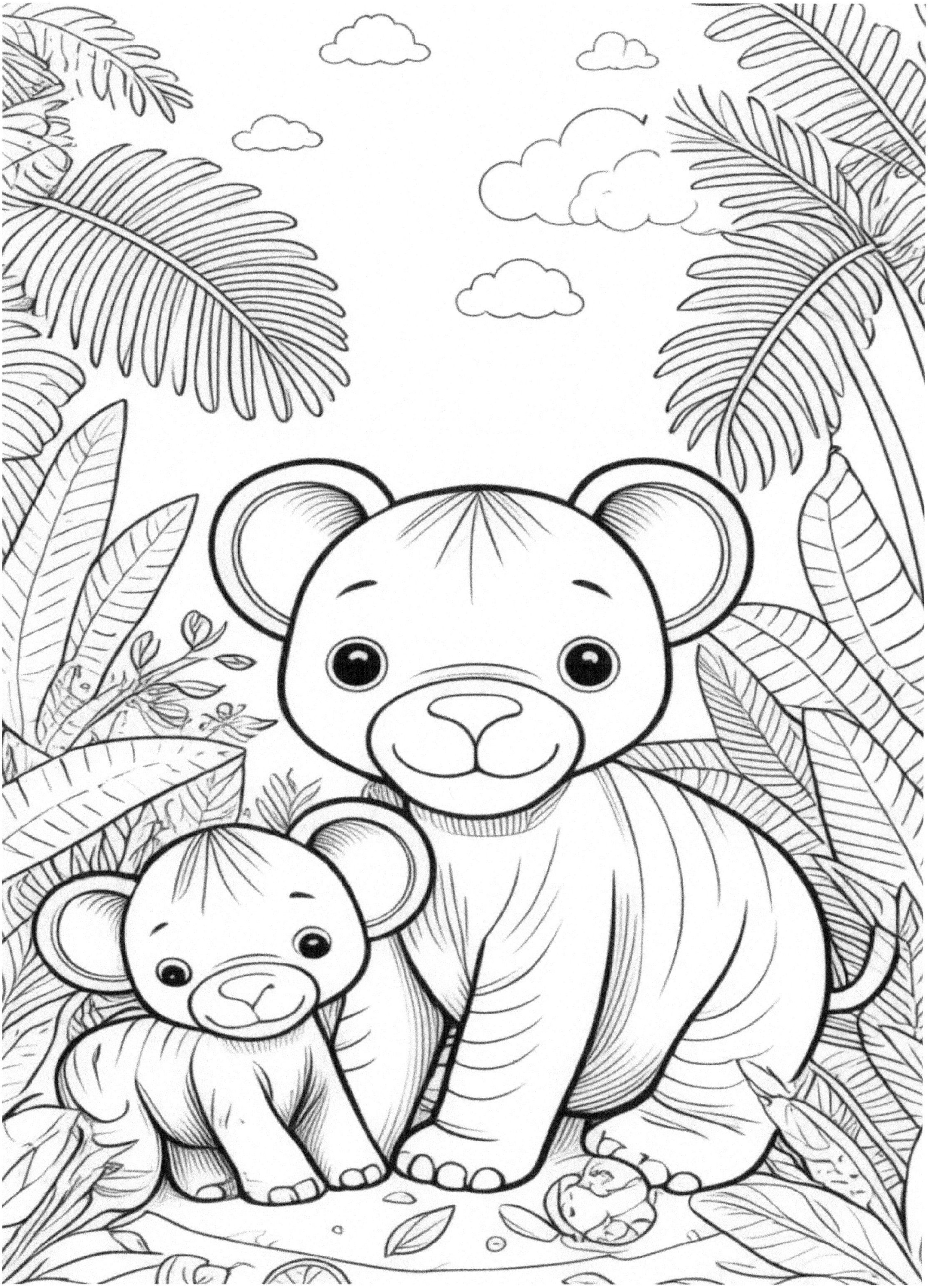

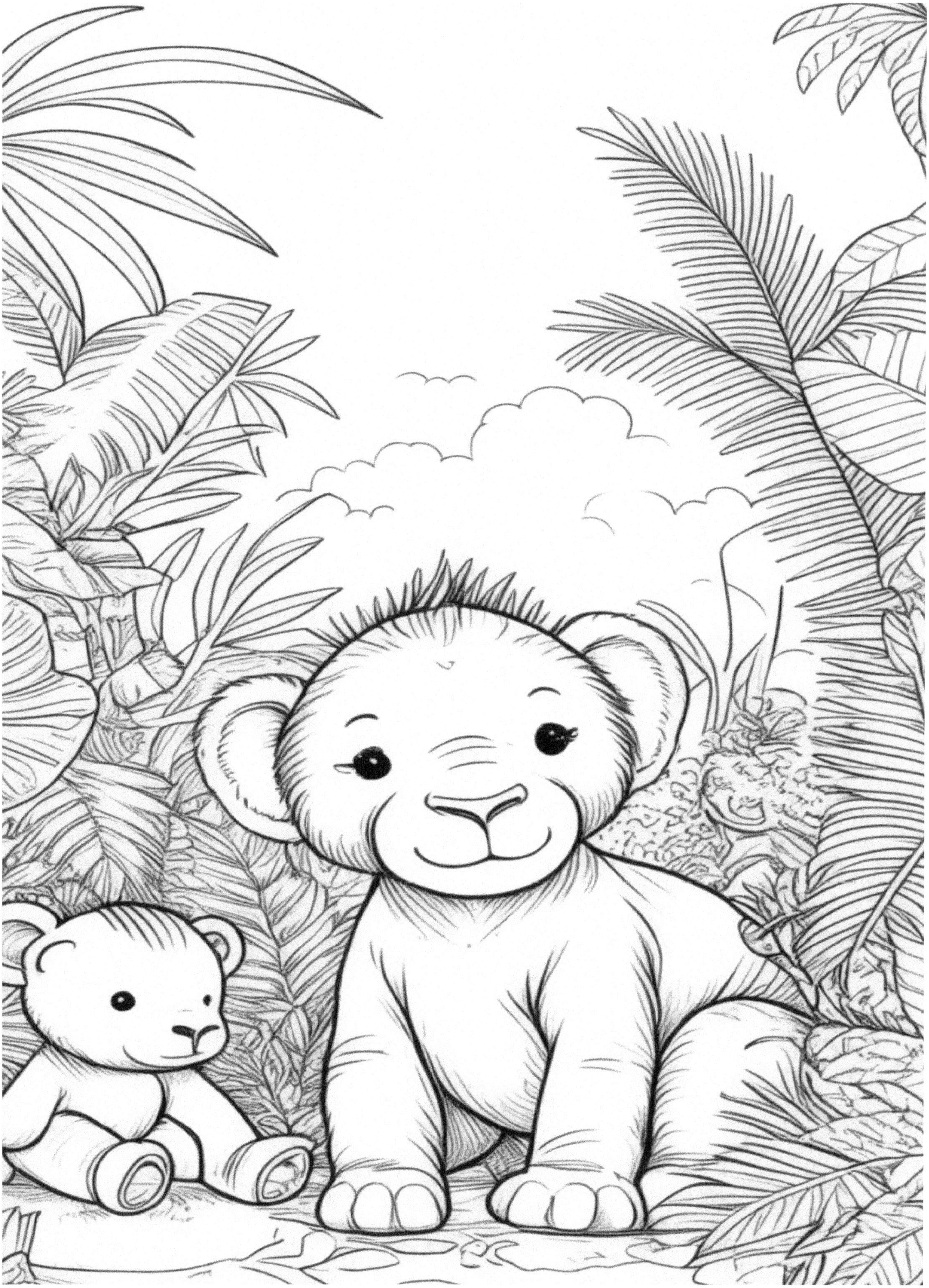

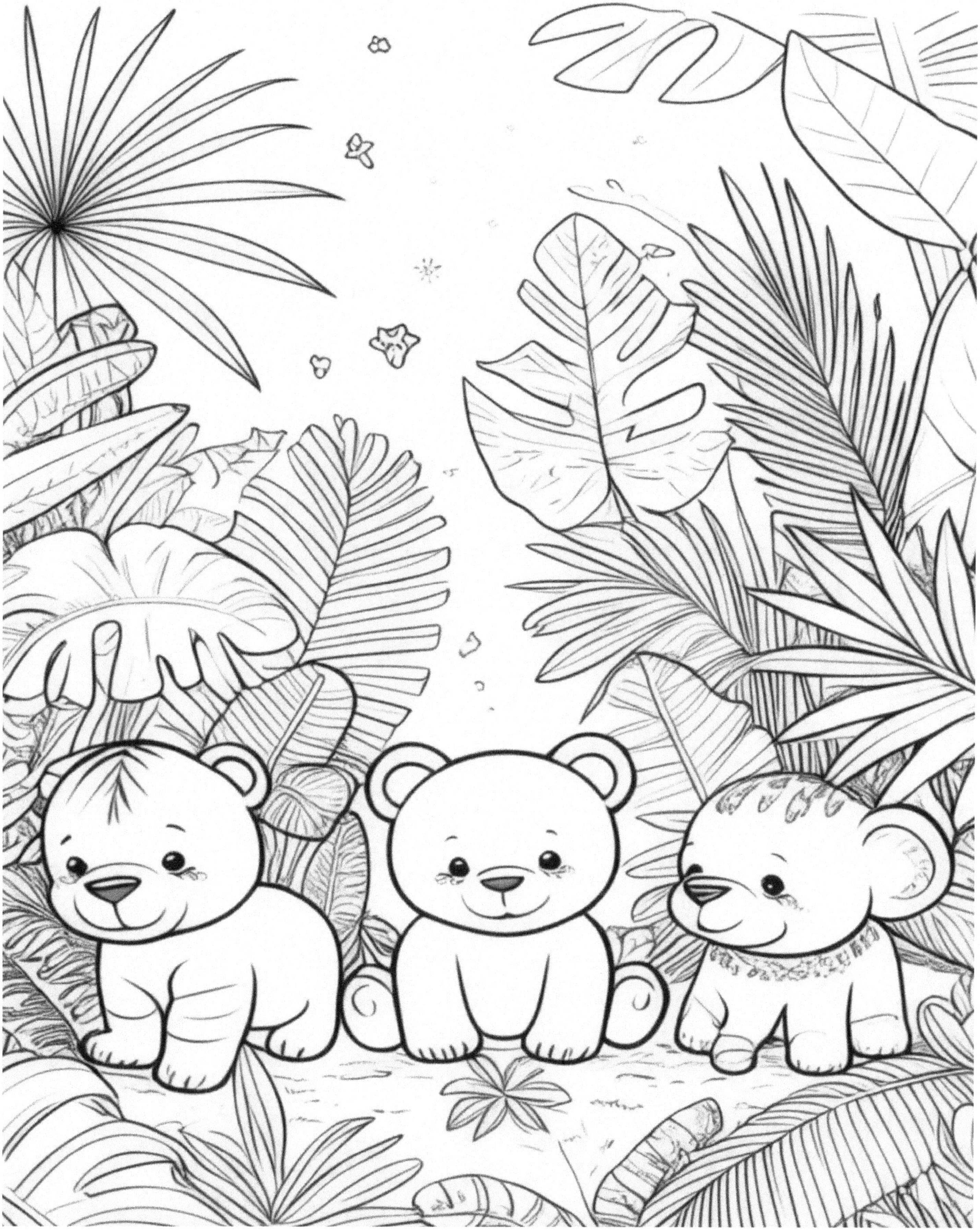

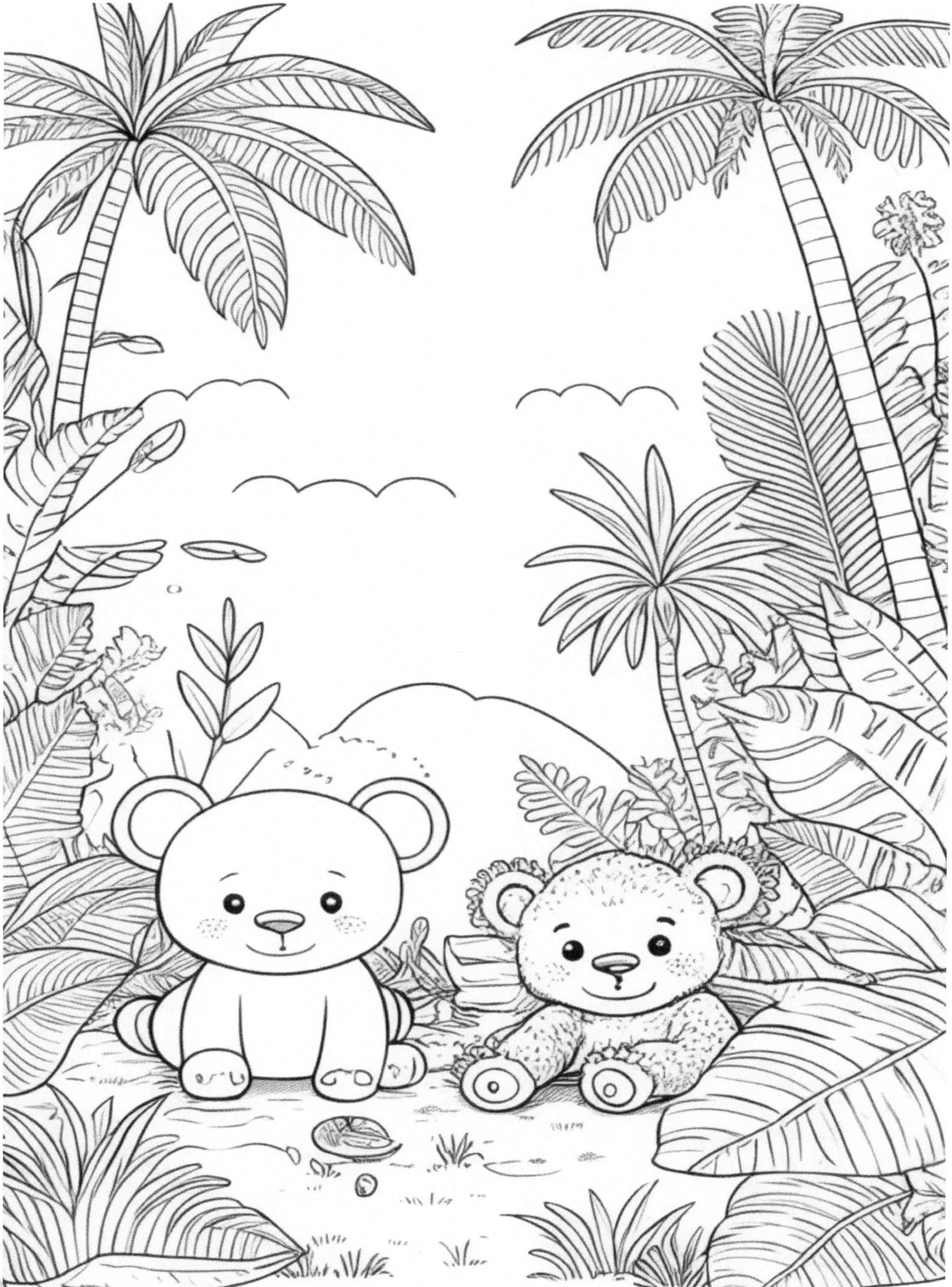

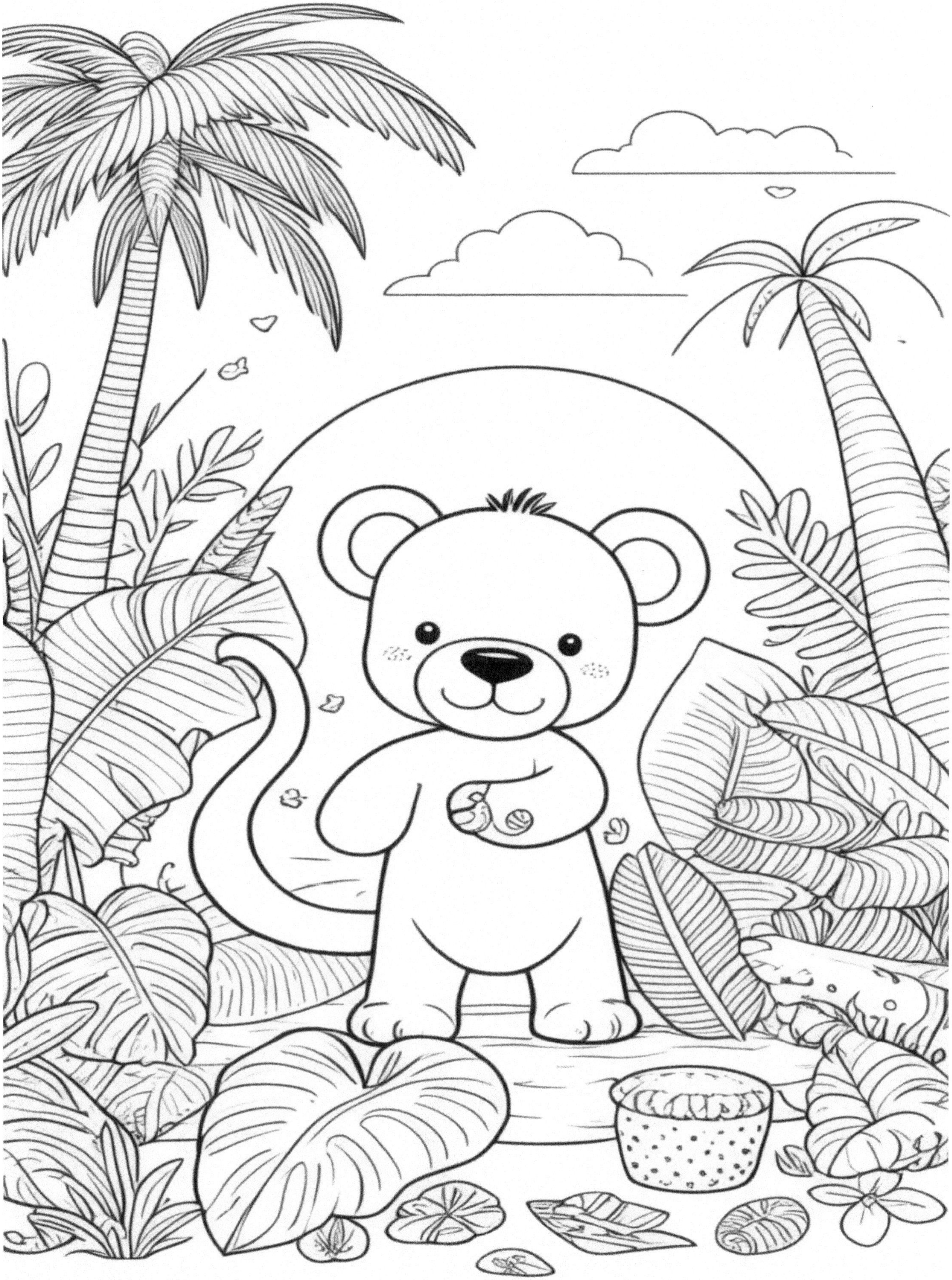

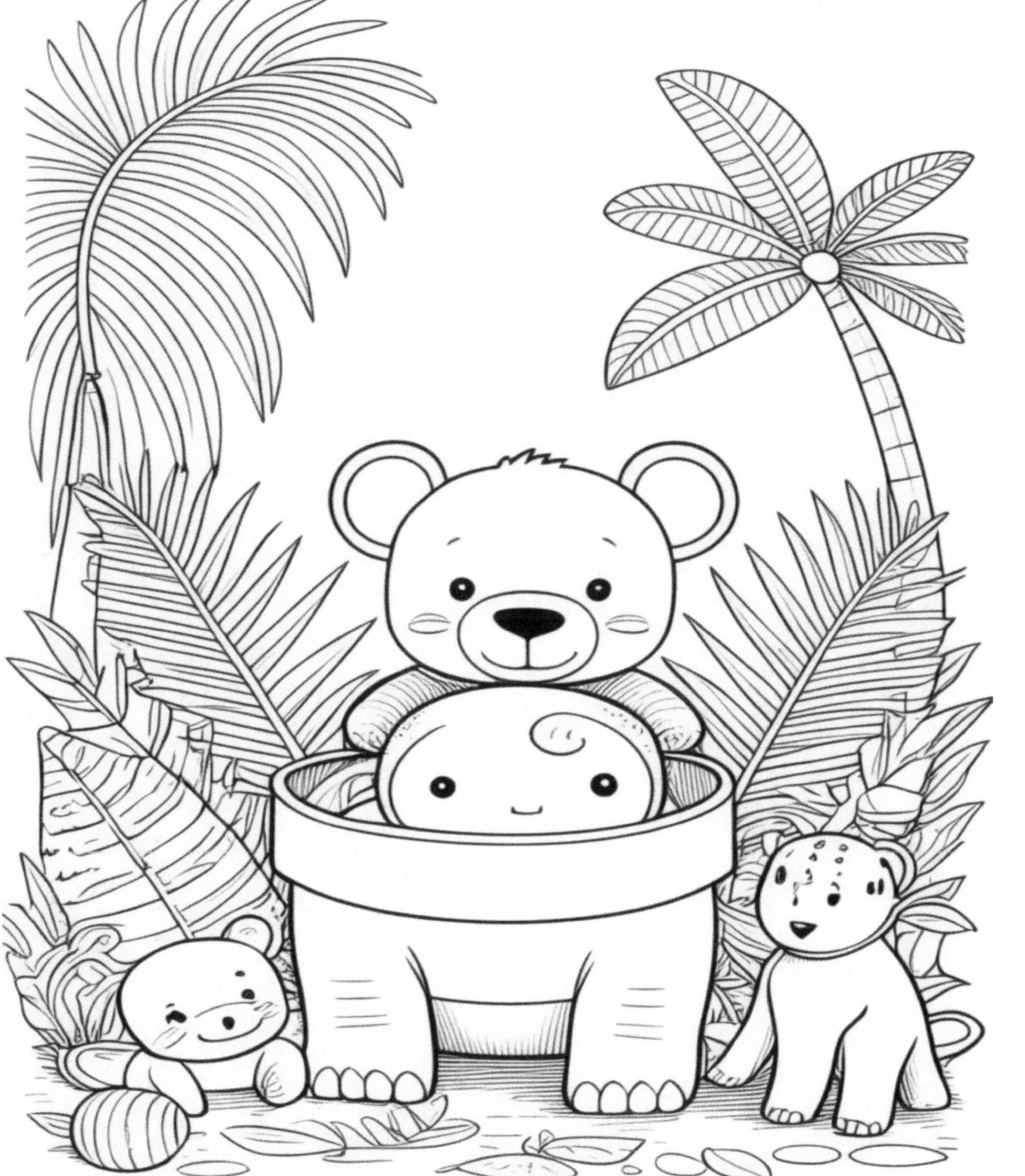

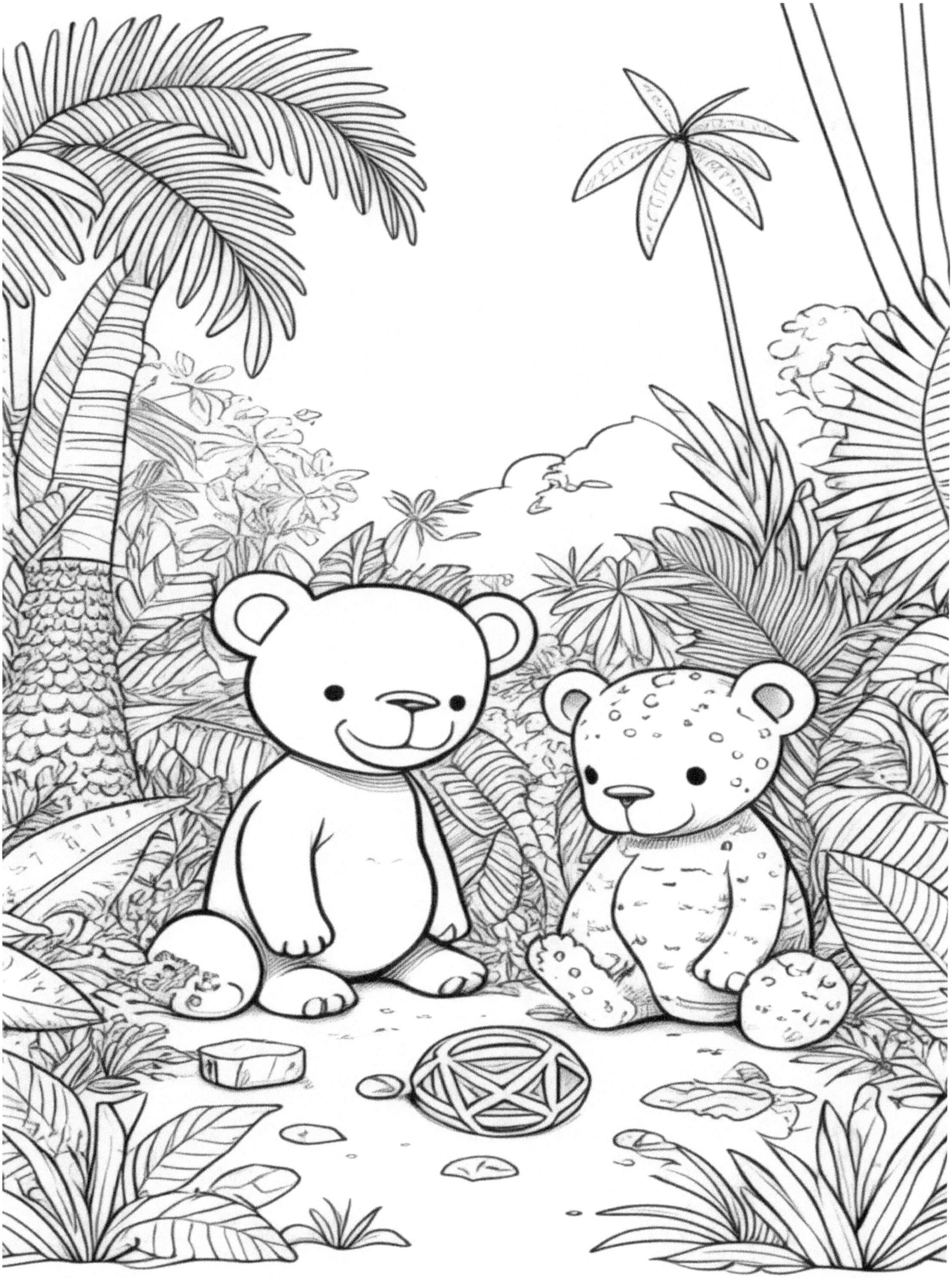

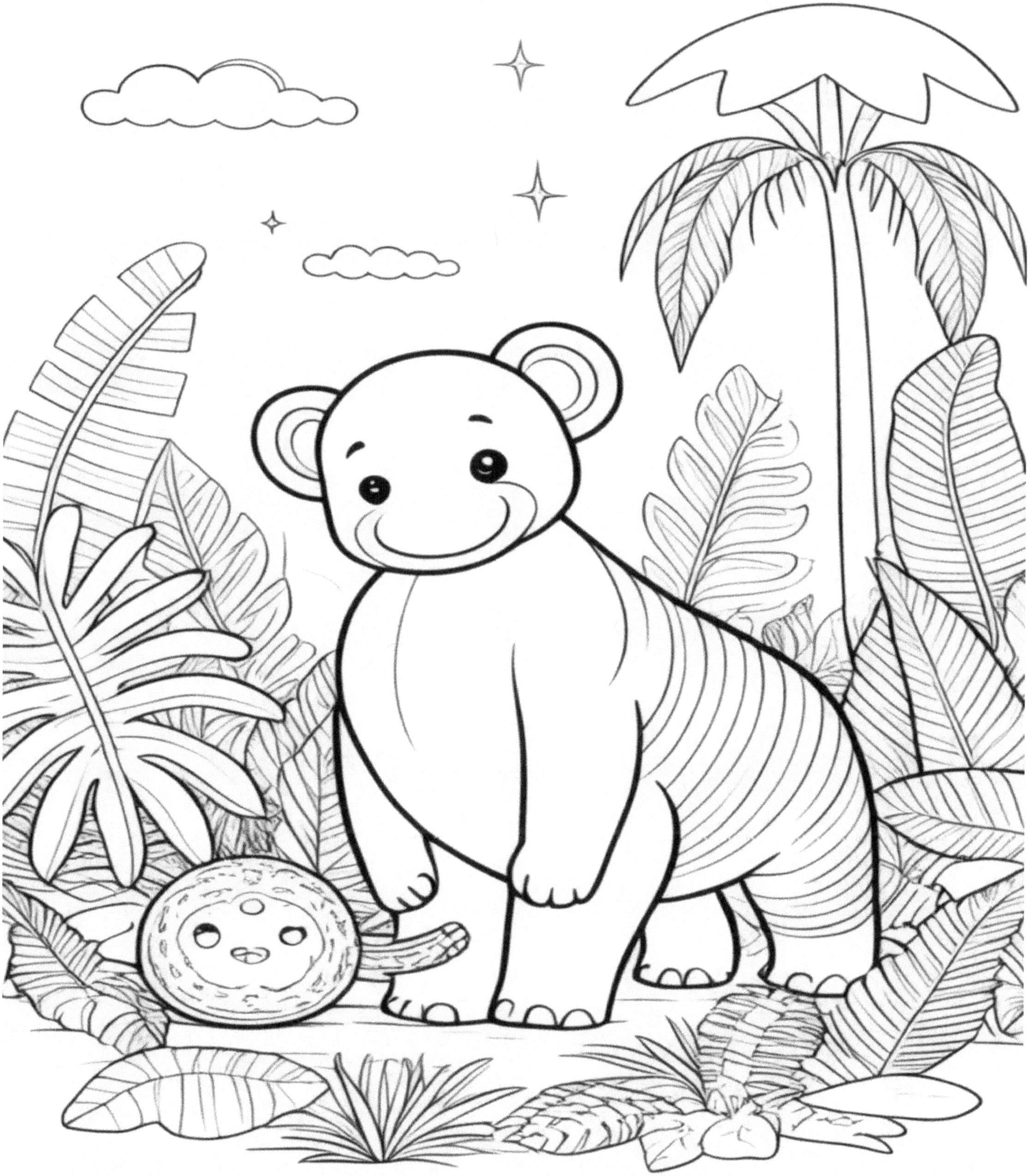

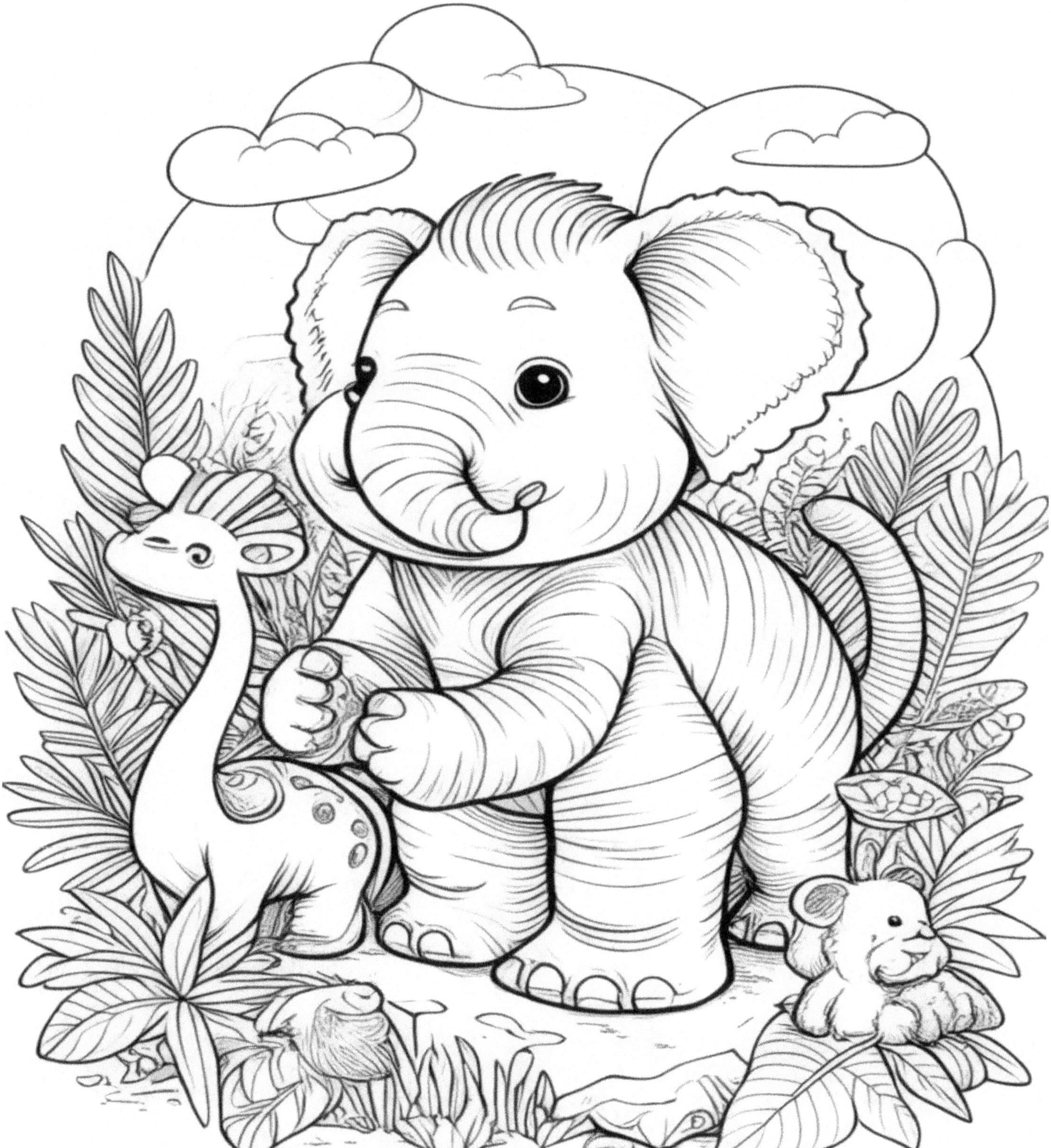

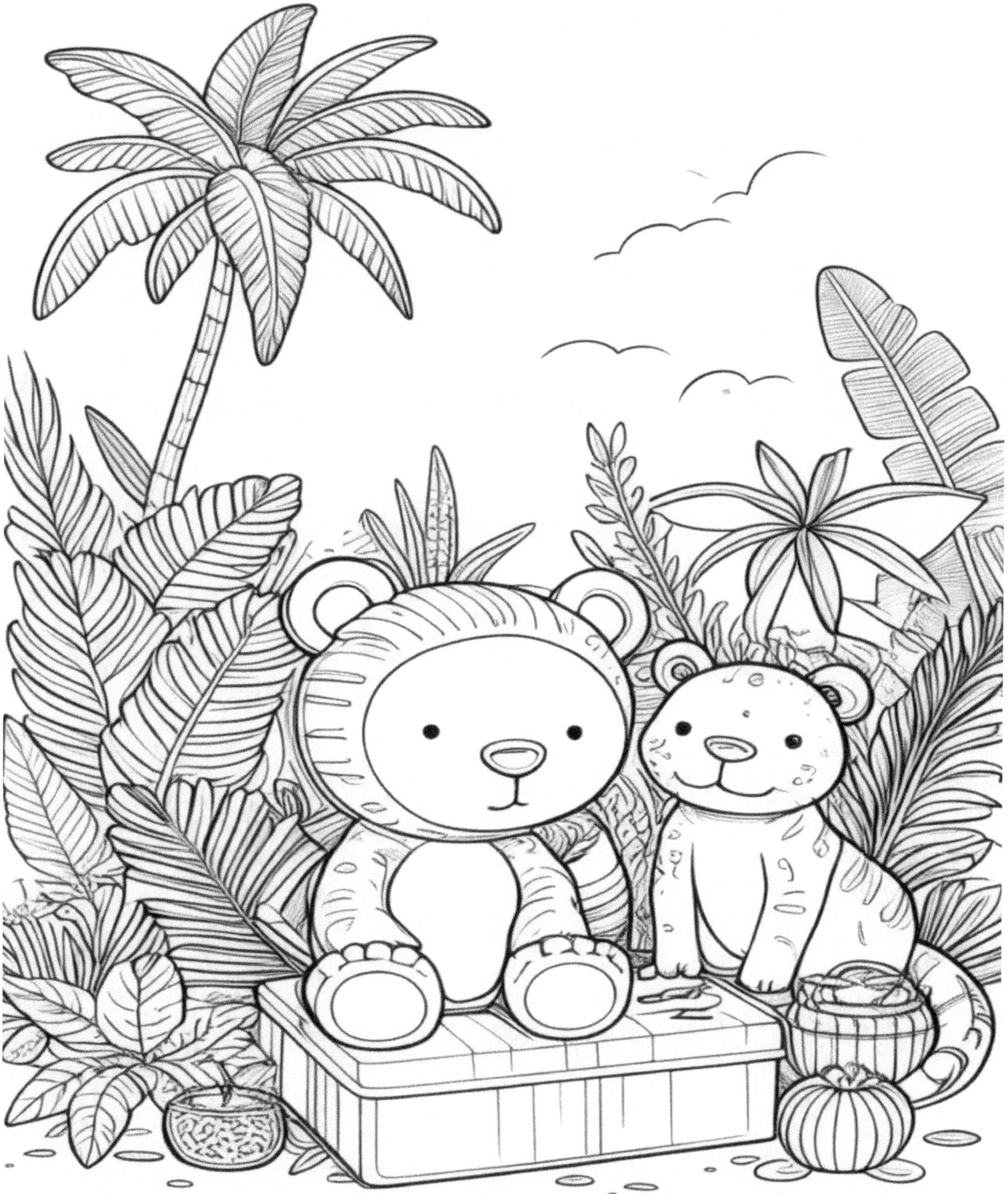

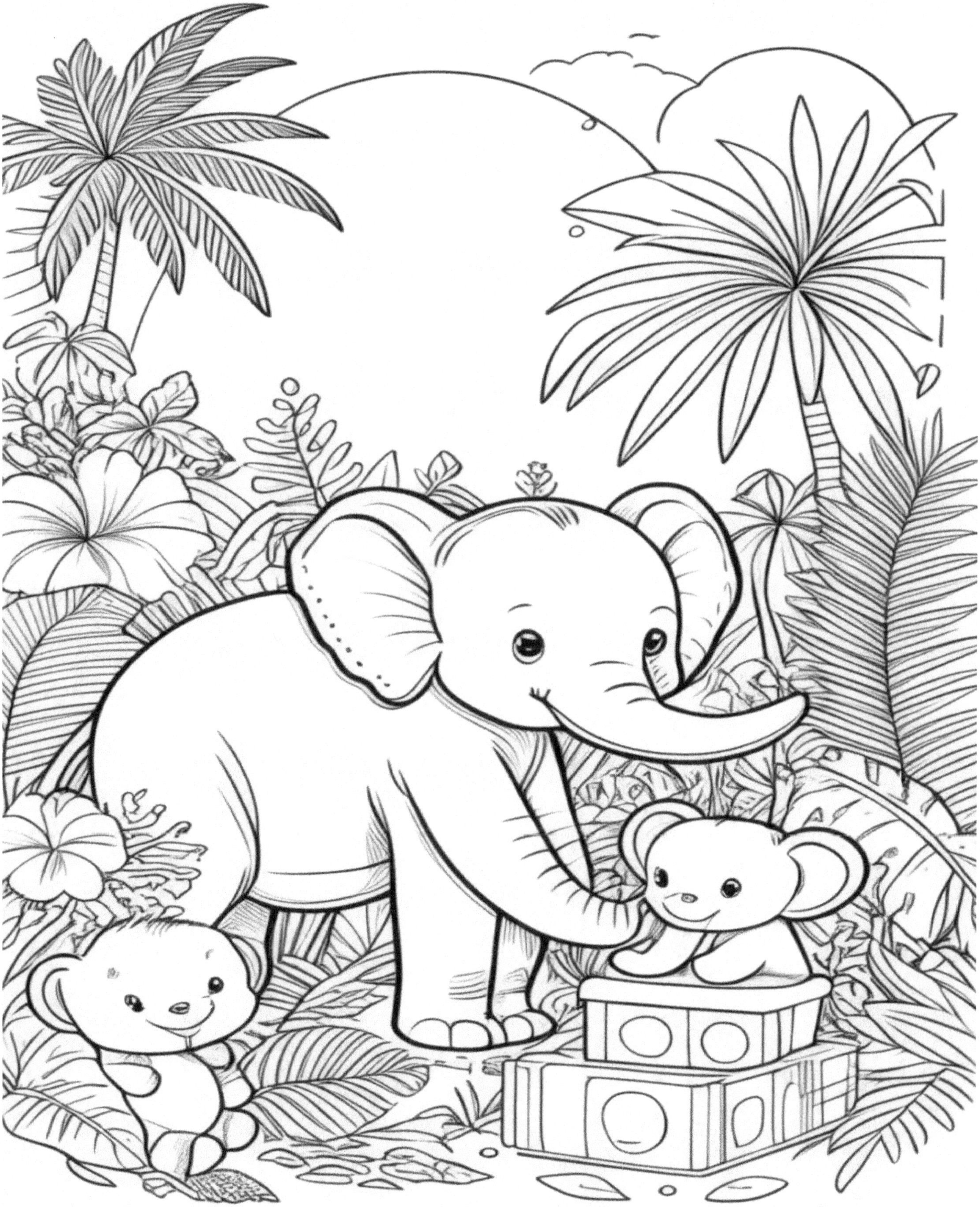

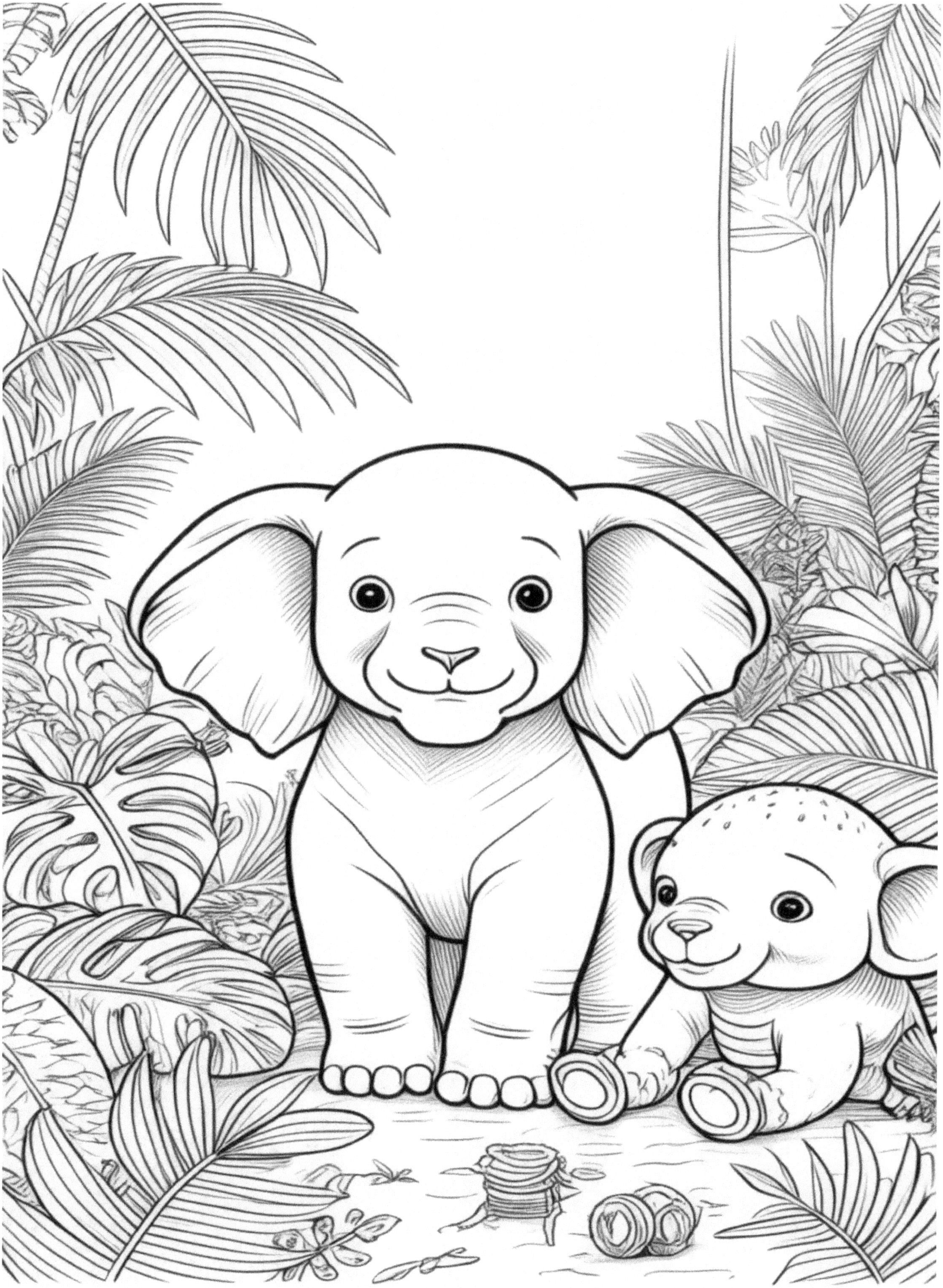

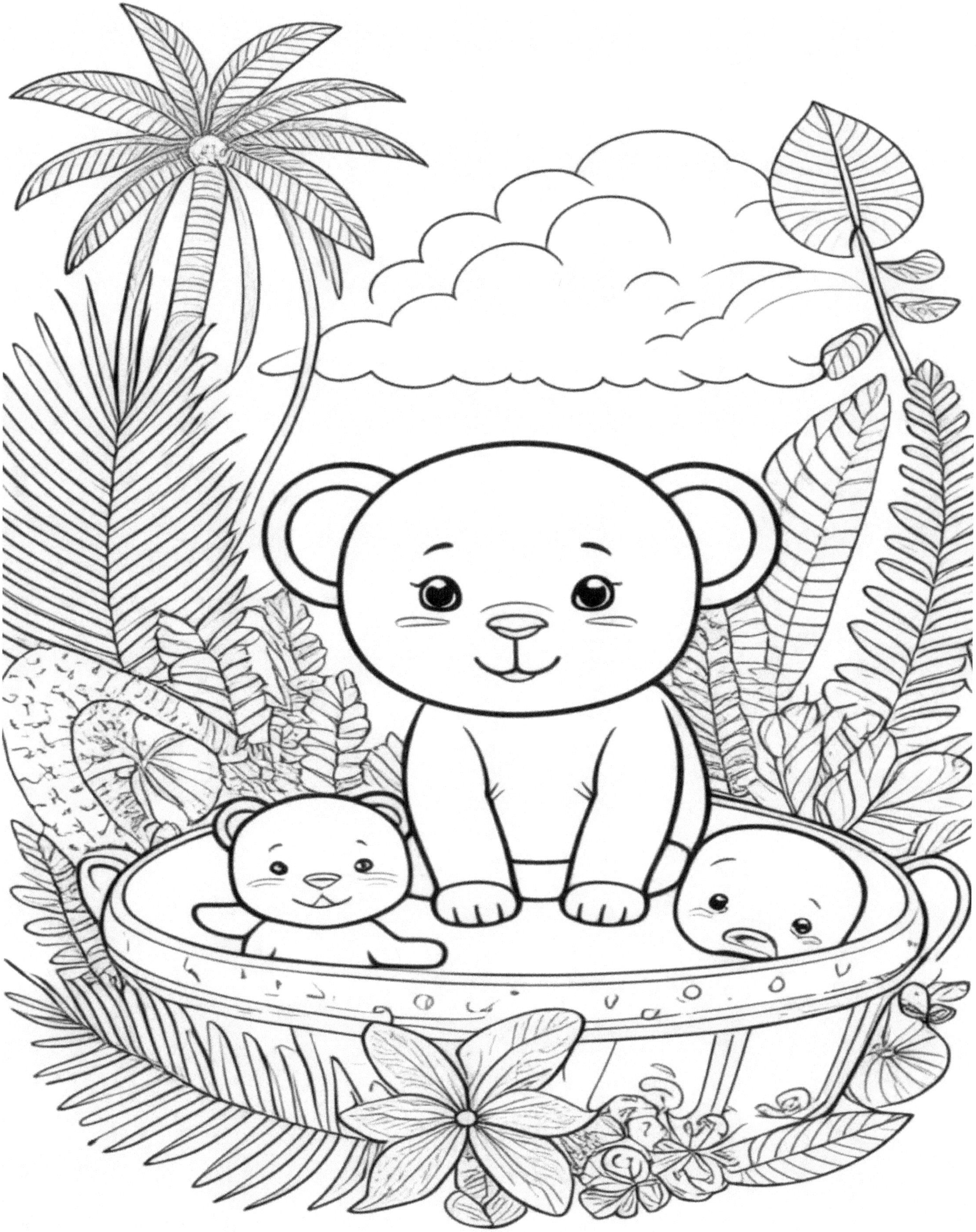

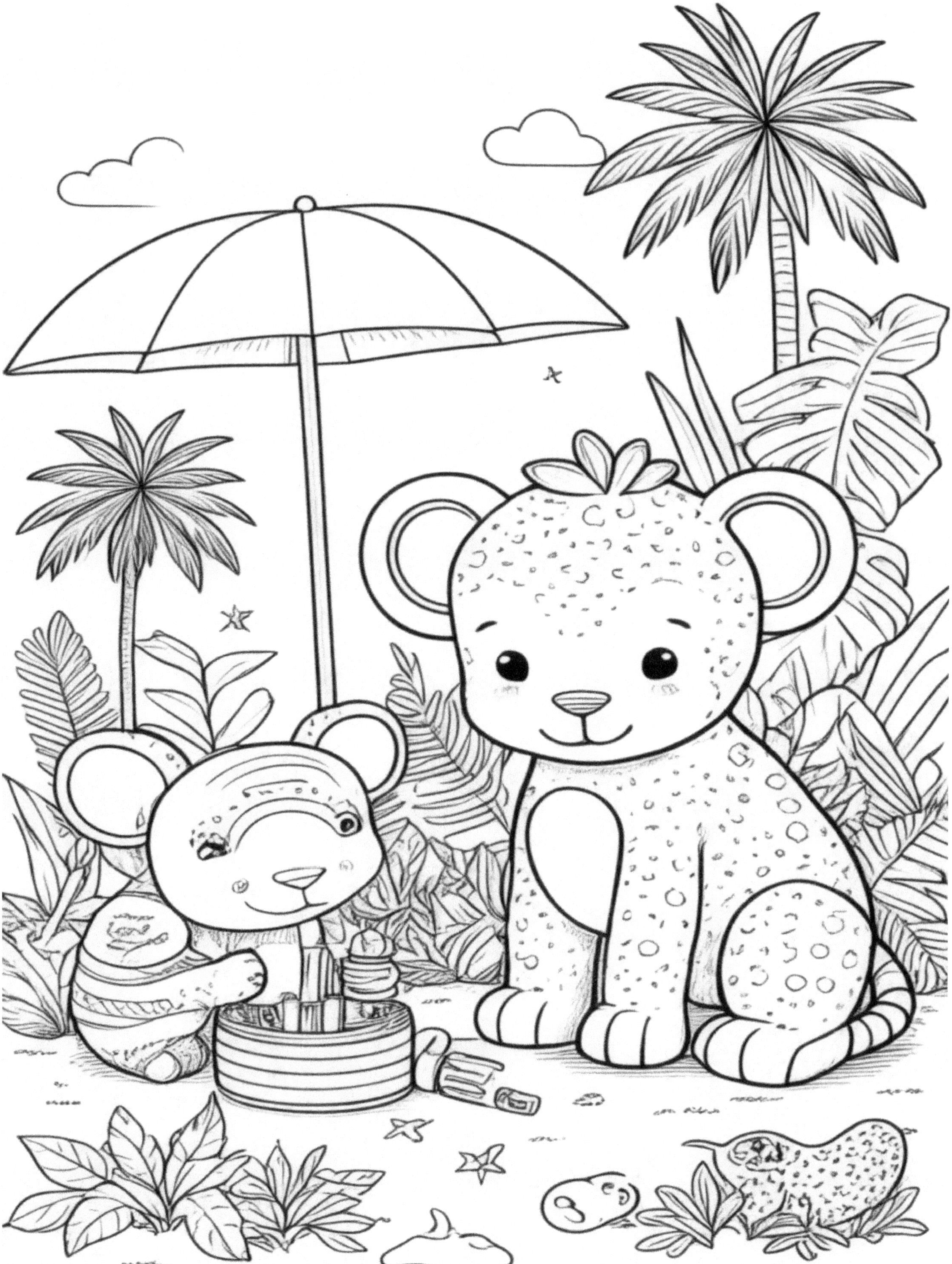

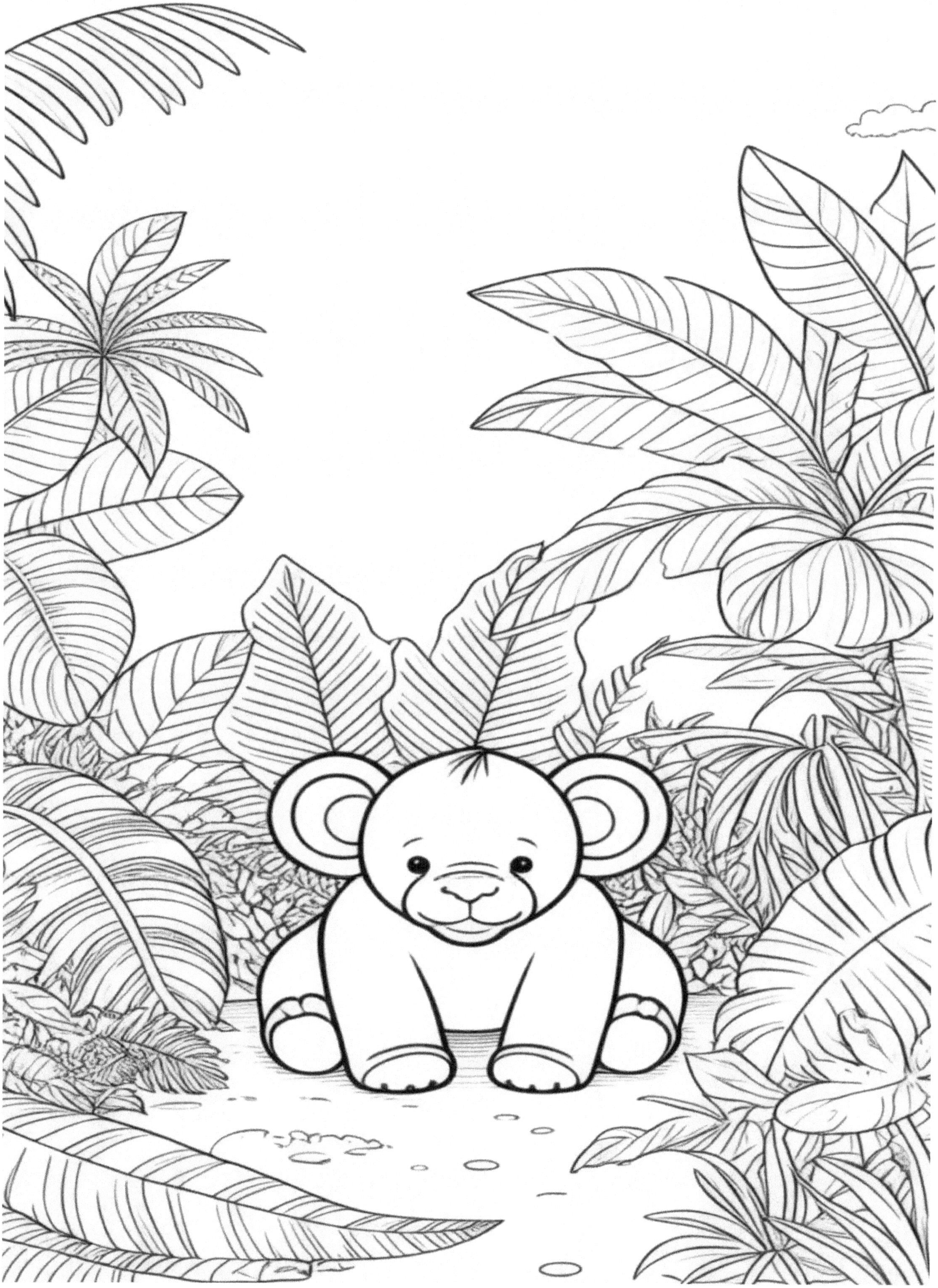

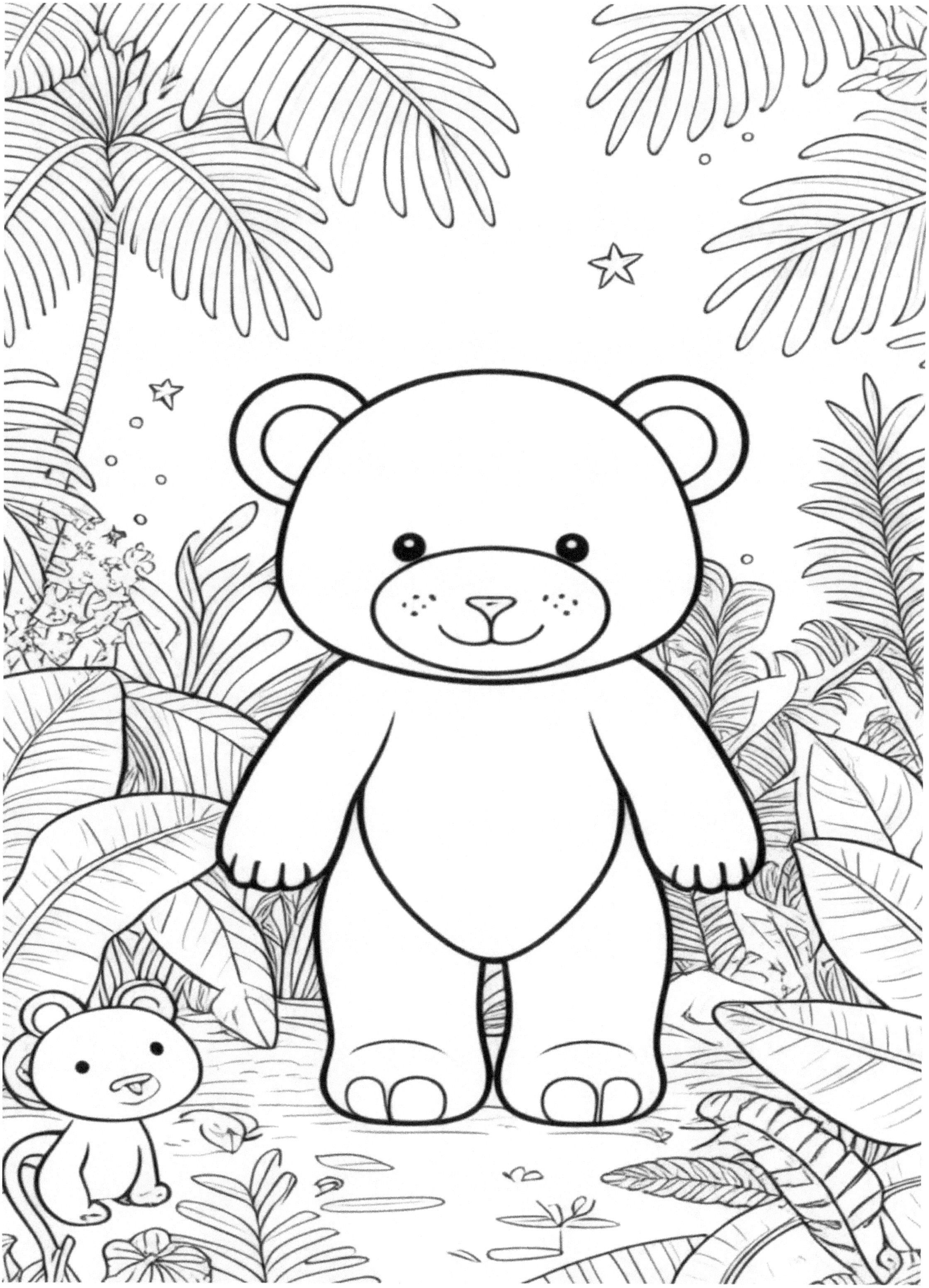

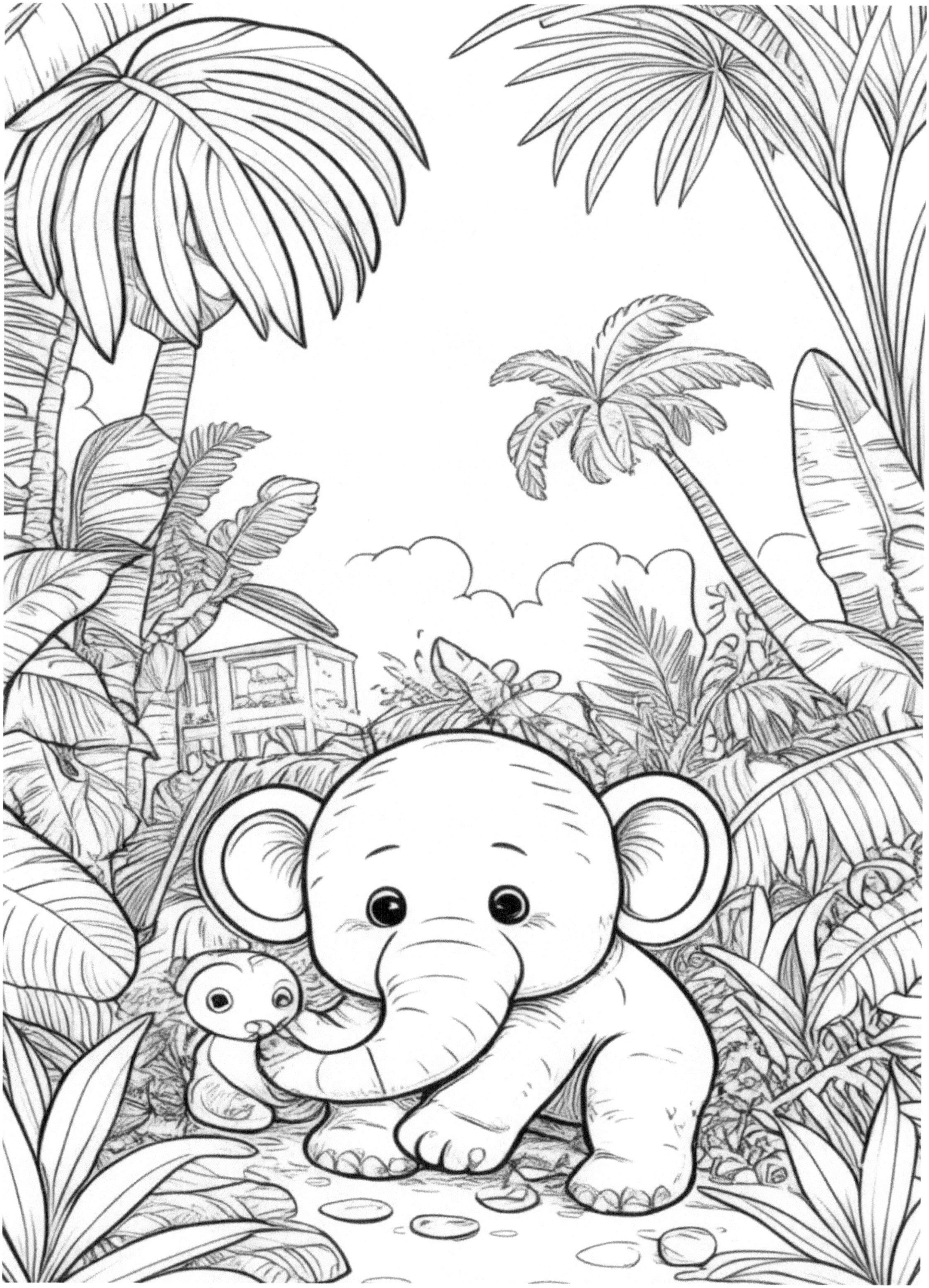

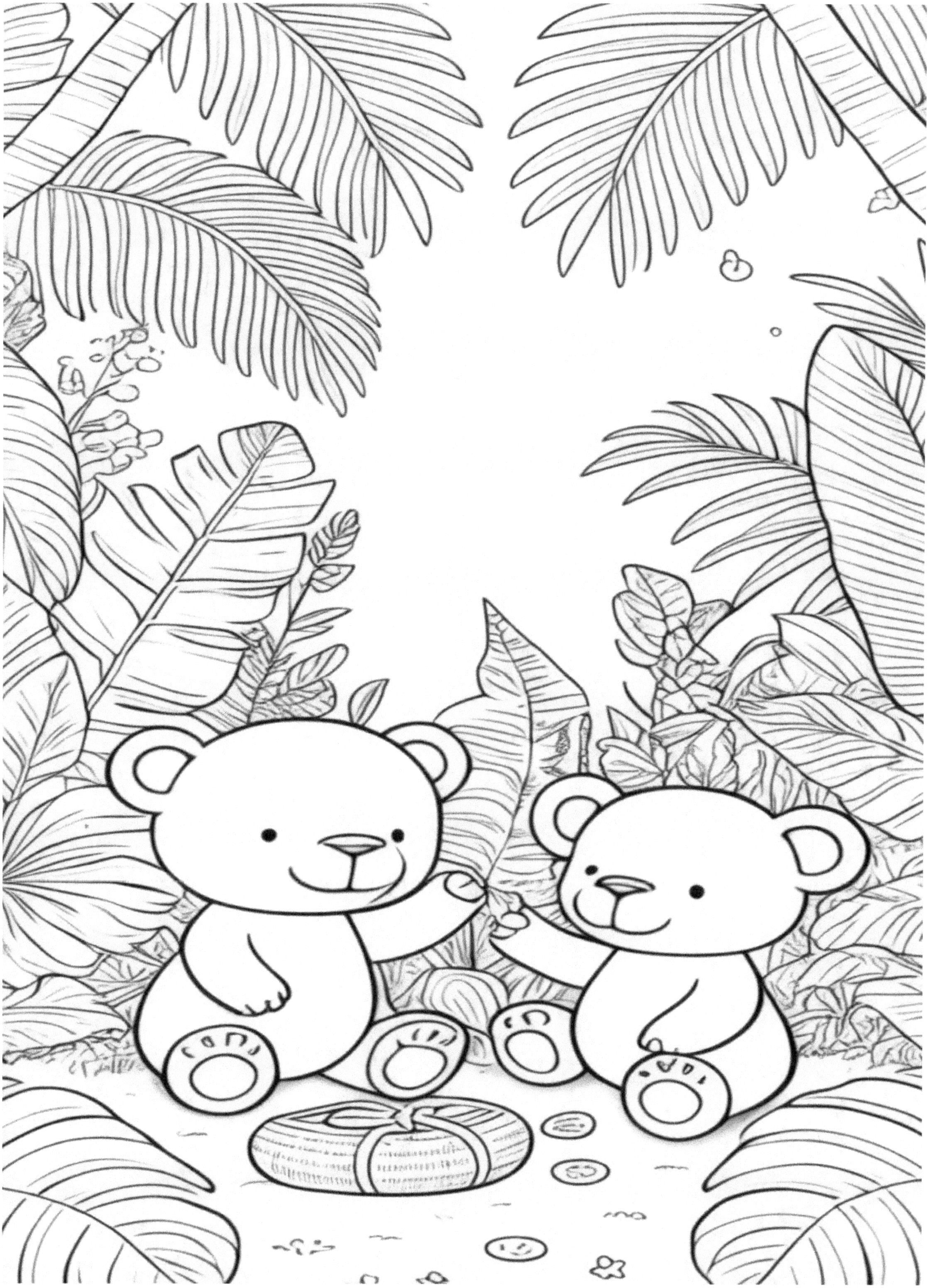

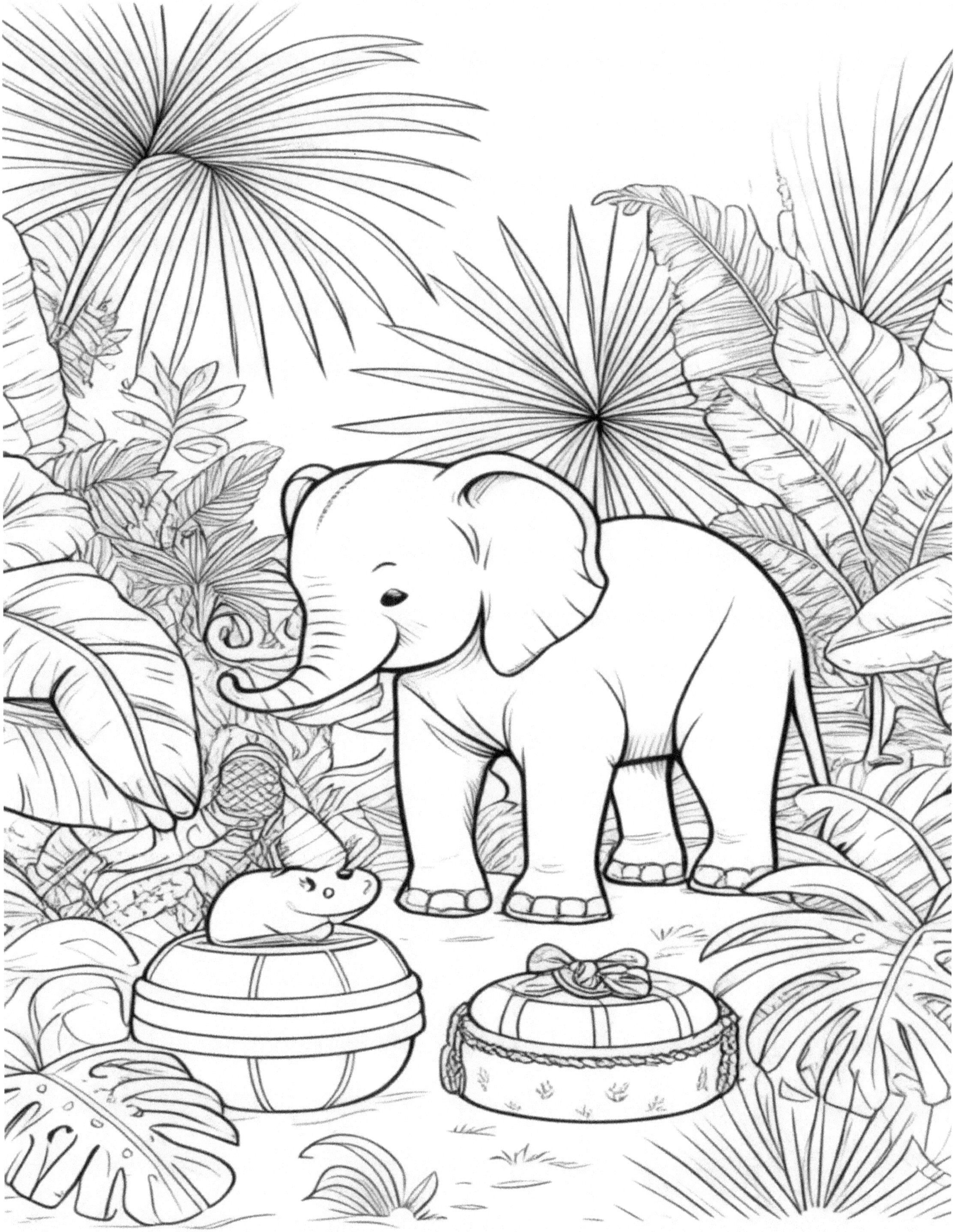

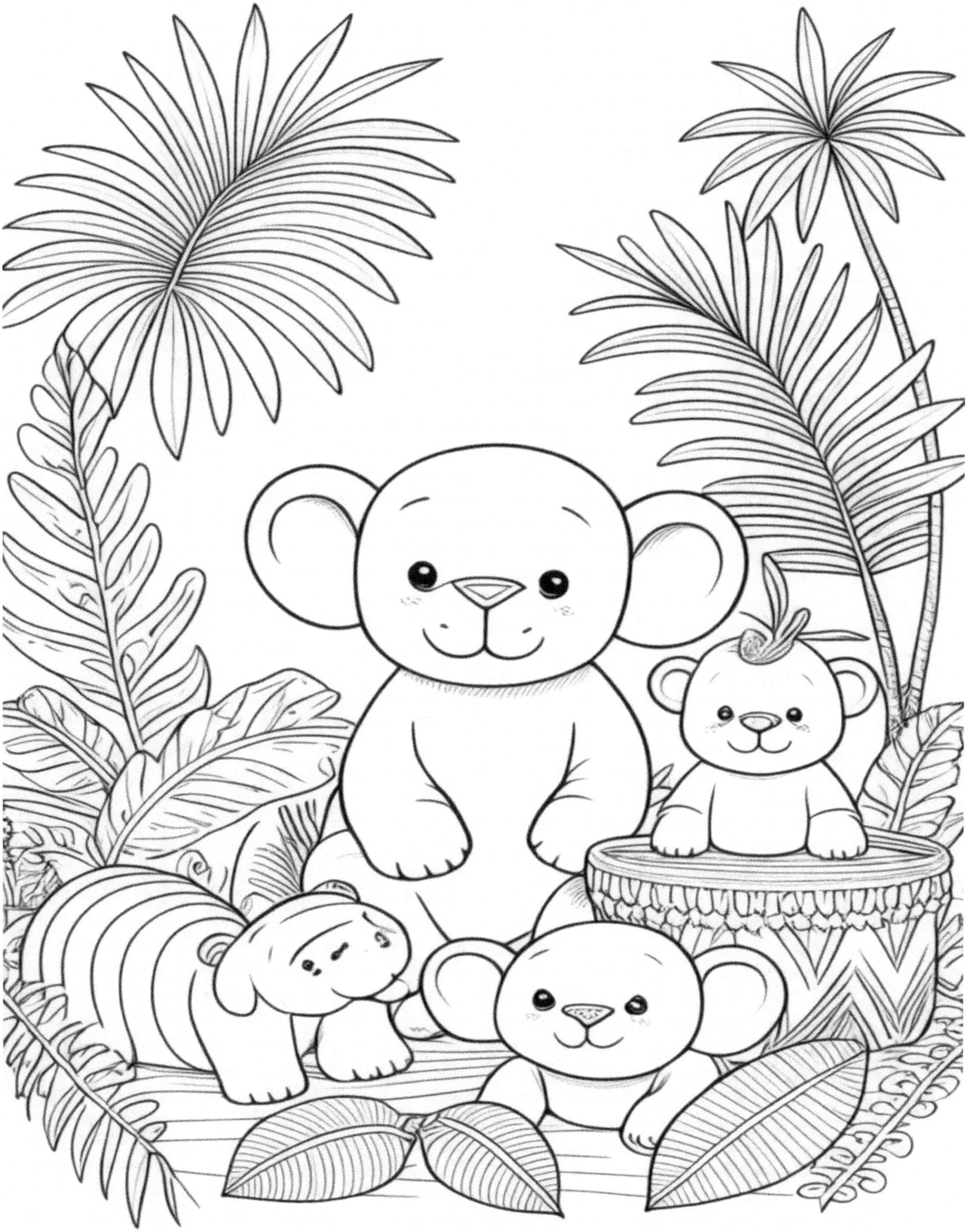

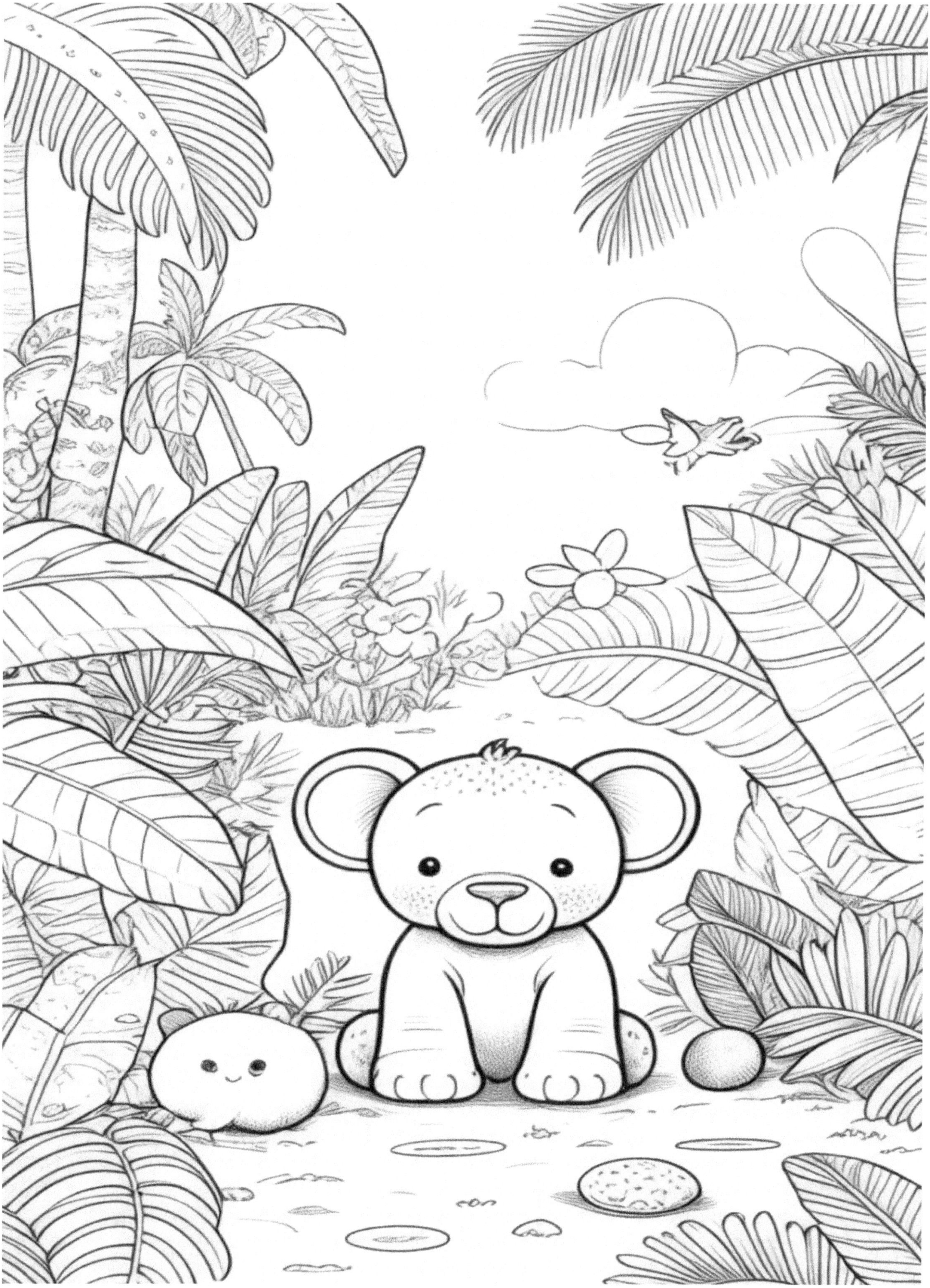

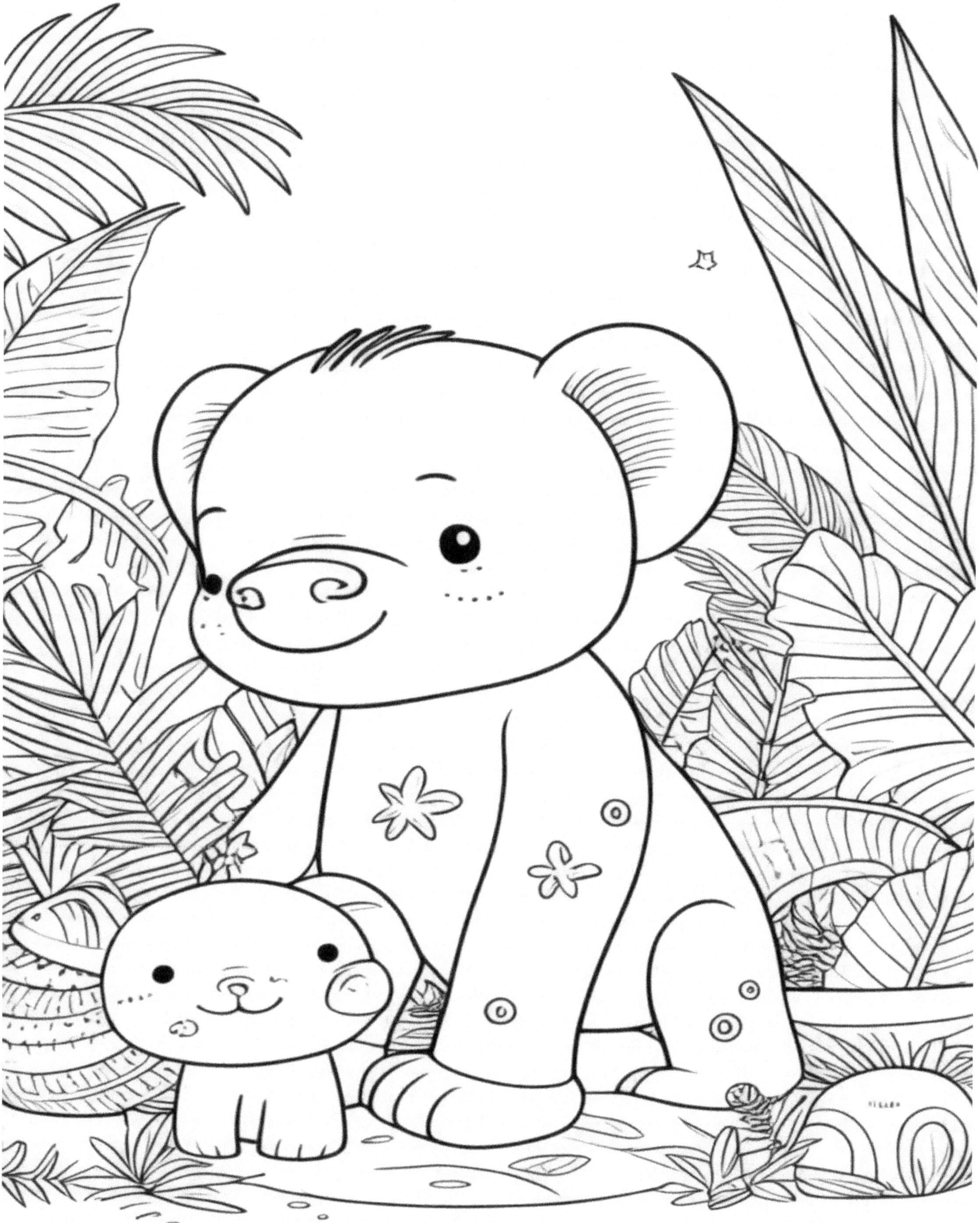

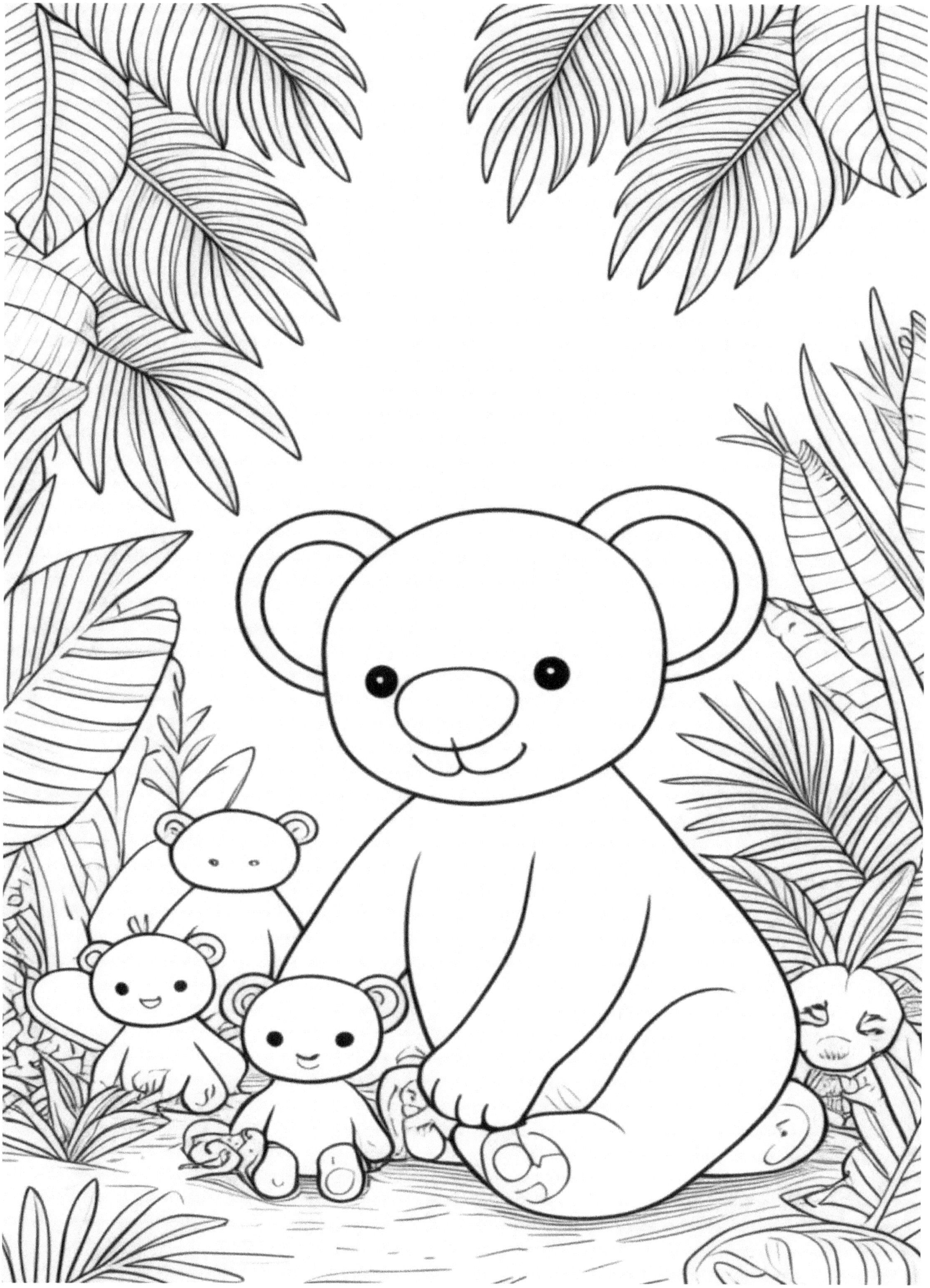

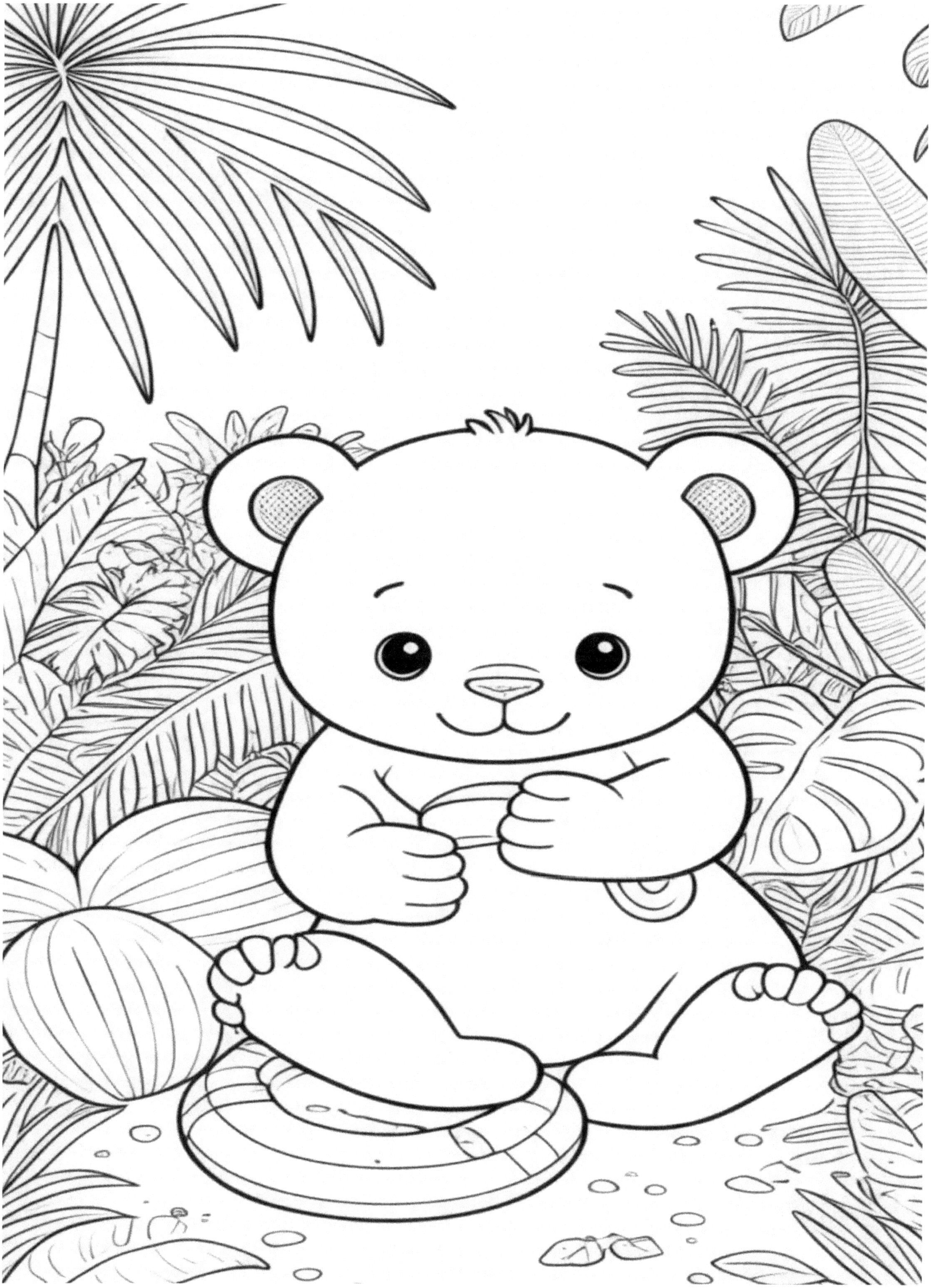

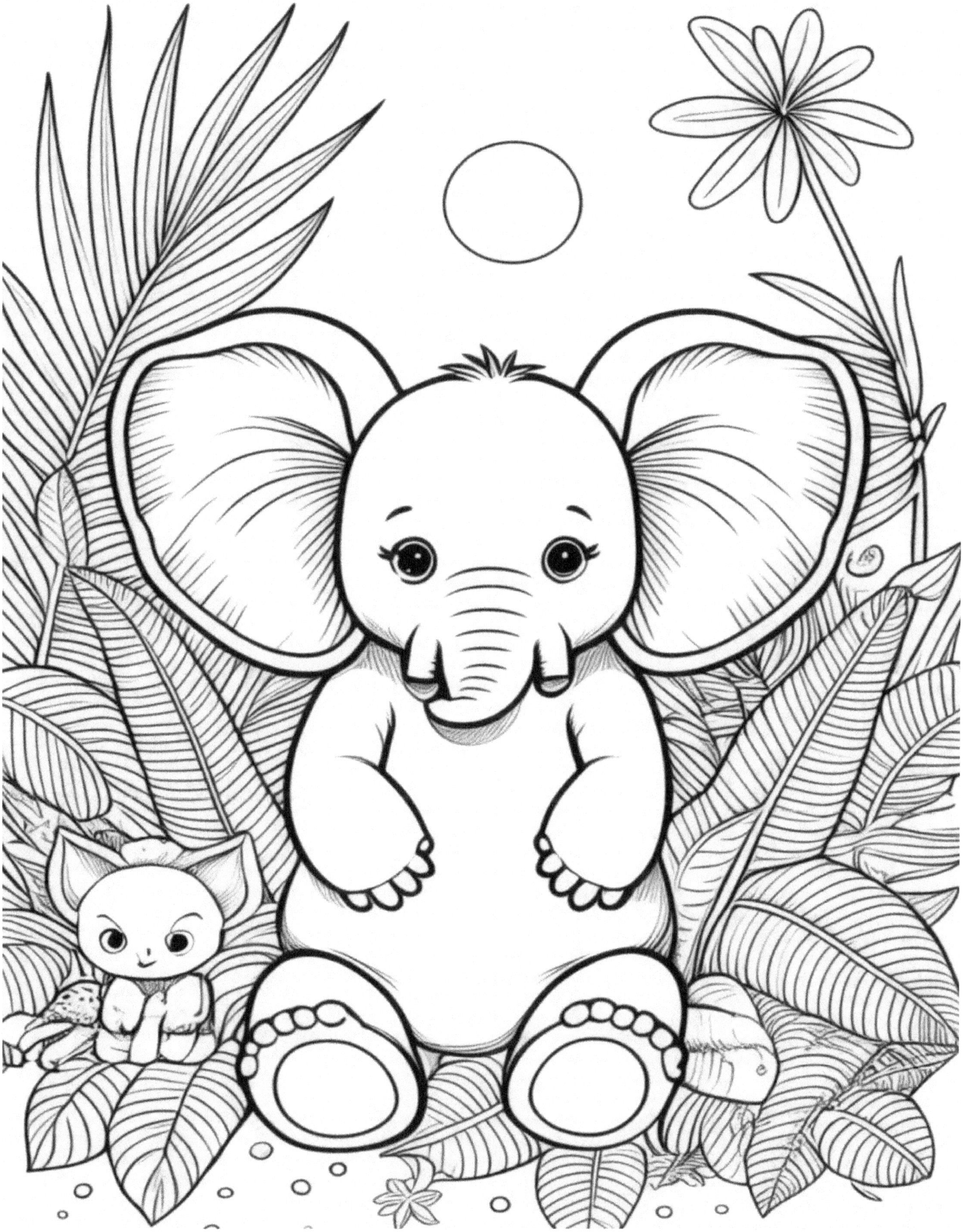

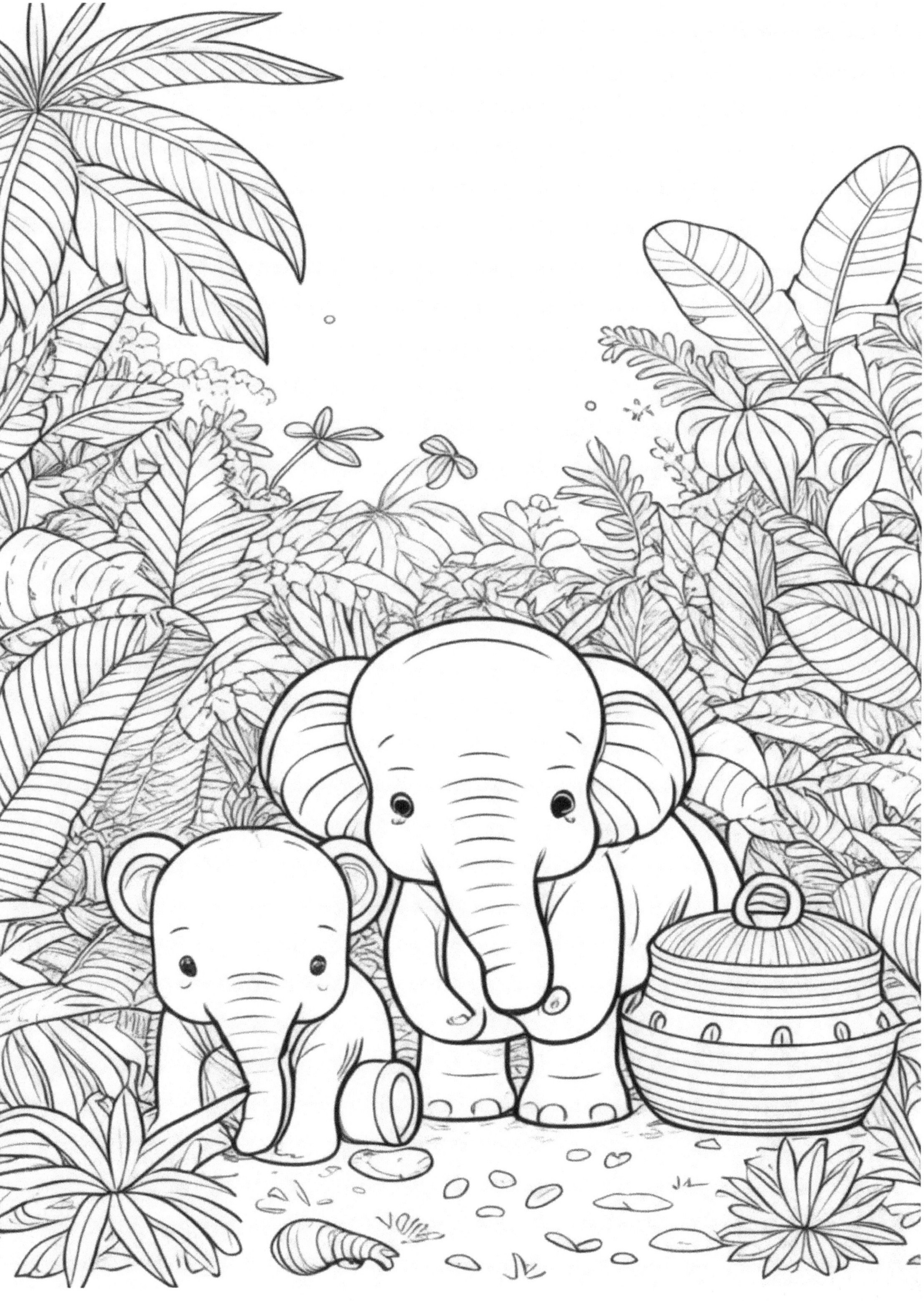

www.ingramcontent.com/pod-product-compliance
Lightning Source LLC
Chambersburg PA
CBHW062227220526
45471CB00009B/3372
* 9 7 9 8 3 2 1 3 6 9 1 8 0 *